코딩 미술 융합 프로젝트를 위한 코드위즈
AI 메이커 스케치북

코딩편

코드위즈 AI 메이커 스케치북

초판발행 2024년 3월 29일
지은이 조재범 강준철 김보해 서지훈 이동섭 이민재 정준식 조광복 추성국 한의표
펴낸이 김기만
임프린트 상상충전소
발행처 (주)코더블
주소 서울특별시 금천구 가산디지털2로 53, 305호
전화 1670-8767
팩스 02-6003-0099
ISBN 979-11-974287-3-9

총괄 김기범
진행 김륜옥
기획 김수연
디자인 장문경
인쇄 유그래픽스

홈페이지 www.codable.co.kr
이메일 kgb612@codable.co.kr

상상충전소는 (주)코더블의 출판 전문 브랜드입니다.

Published by CODABLE, Inc. Printed in Korea.
Copyright ⓒ 2021 (주)코더블 & CODABLE, Inc.
이 책의 저작권은 (주)코더블에 있습니다.
저작권법에 의해 보호를 받는 저작물이므로 무단 복제 및 무단 전재를 금합니다.

AI 메이커 스케치북으로 시작하는 코딩 미술 융합 프로젝트!!

챕터	관련 교과	학습 주제	성취기준	차시별 학습 목표
1	실과	인공지능이란 무엇일까요? (인공지능 이론, 윤리)	[6실04-07]	1차시: 인공지능에 대해 알아보고 나만의 알고리즘을 통해 문제를 해결할 수 있다.
2	실과	AI 마법사! 코드위즈를 만나보아요! (코드위즈 기능 설명 및 엔트리 연결)	[6실04-09]	2차시: 코드위즈에 대해 알아보고 코드위즈 센서를 활용한 간단한 코딩을 할 수 있다.
3	실과 미술	코드위즈로 AI 번역 가면 만들기	[6실04-09] [6미02-03]	3차시: 버튼과 LED를 알고 순차, 선택, 반복문으로 프로그래밍 할 수 있다. 4차시: AI 번역 기능으로 프로그래밍하고, 나만의 'AI 번역 가면'을 만들 수 있다.
4	실과 미술	코드위즈로 빛 차단 보관함 만들기	[6실04-09] [6미02-03]	5차시: 빛 센서와 180도 서보모터를 활용하여 빛 차단 보관함을 코딩할 수 있다. 6차시: AI 손 인식 기능을 추가하고, '빛 차단 보관함'을 만들 수 있다.
5	실과 체육	코드위즈로 스쿼트 도우미 풍차 만들기	[6실04-09] [6체01-02]	7차시: 선택 구조와 OLED 센서를 활용하여 프로그램을 만들 수 있다. 8차시: AI 사람 인식 기능을 추가하고, '스쿼트 도우미 풍차'를 만들 수 있다.
6	실과 미술	코드위즈로 우주선 컨트롤러 만들기	[6실04-09] [6미02-03]	9차시: 3축 센서에 대해 이해하고 '우주선 컨트롤러'를 만들 수 있다. 10차시: AI 음성 인식 기능을 추가하고 '우주선 컨트롤러'를 이용해 게임을 만들 수 있다.
7	실과 미술 음악	코드위즈로 AI 전자 드럼 만들기	[6실04-09] [6미02-03] [6음01-01]	11차시: 거리 센서와 컬러 센서를 활용하여 전자 드럼 코딩을 할 수 있다. 12차시: AI 이미지 모델 기능으로 프로그래밍하고, 'AI 전자 드럼'을 만들 수 있다.
8	실과 미술	코드위즈로 AI 스마트폰 만들기	[6실04-09] [6미02-03]	13차시: 도트매트릭스와 소리 센서를 활용하여 감정 표현 코딩을 할 수 있다. 14차시: AI 음성 모델 기능으로 프로그래밍하고, 'AI 스마트폰'을 만들 수 있다.
9	실과 미술	코드위즈로 옷 추천 알리미 만들기	[6실04-09] [6미02-03]	15차시: 온도 센서와 180도 서보모터를 활용하여 옷 추천 알리미를 코딩할 수 있다. 16차시: 날씨 확장 블록으로 실시간 데이터를 활용해 옷 추천 알리미를 만들 수 있다.
10	실과 미술	우리만의 AI 작품을 만들어 보아요! (AI 메이킹 프로젝트 학습)	[6실04-09] [6미02-03]	17~18차시: 문제해결을 위한 계획을 세울 수 있다. 19~20차시: 프로젝트를 통해 실생활 문제를 해결할 수 있다.

교수학습지도안 및 수업자료PPT 완성, 예제 파일은 네이버 카페(https://cafe.naver.com/codable), 코더블(http://codable.co.kr), 더올메이커(https://www.theallmaker.com)에서 다운로드 받으실 수 있습니다.

본 도서 활용시 필요한 교구 및 AI 메이커 스케치북(도안편)은 더올메이커 쇼핑몰(www.theallmaker.co.kr) 및 학교장터에서 구매하실 수있습니다.

머리말

코더블과 함께하는 '코드위즈 AI 메이커 스케치북'은 교실 내에서 학생들이 직접 손으로 만지며, 눈으로 보고, 마음으로 느낄 수 있는 학습 경험을 제공합니다. 이 책을 통해 학생들은 단순히 코딩을 활용해서 작품을 만드는 경험에 그치지 않고 학생 스스로 창조해 내는 기쁨을 맛보게 될 것입니다. 이 책의 가장 큰 장점은 현직 교사들의 실제 교육경험과 피드백을 바탕으로 개발되었다는 겁니다. '코드위즈 AI 메이커 스케치북'은 선생님과 학생들의 든든한 동반자가 되어 미래교육의 새로운 가능성을 만들어 나갈 겁니다.

조재범(교사크리에이터협회 이사, 풍덕초등학교 교사)

학교 현장에서 AI·SW 연계 피지컬컴퓨팅 수업 준비를 할 때에 다양한 센서, 어려운 코딩, 각종 돌발 상황 때문에 너무나도 어려웠습니다. 처음 학생들에게 미래교육을 선사하고자 하는 선생님들께서 이러한 어려움 없이 손쉽게 수업할 수 있도록 PPT, 교재, 도안, 과정안, 키트 등 교육에 필요한 모든 것을 하나의 콘텐츠로 담았습니다. 망설이지 마시고 '코드위즈 AI 메이커 스케치북'과 함께 AI 메이커 코딩 교육을 지금 바로 시작해보시기 바랍니다.

강준철(집필 팀장, 성연초등학교 교사)

코드위즈와 함께하는 AI 메이커 스케치북은 학생들에게 친숙한 블록 코딩 프로그램인 엔트리와 다양한 센서가 포함되어 있는 코드위즈를 활용하여 재미있게 코딩과 인공지능을 습득할 수 있도록 했습니다.
더불어 정형화되지 않은 나만의 작품 만들기가 가능해 심미적인 영역까지 신장시킬수 있습니다. 코드위즈 AI 메이커 스케치북과 함께하면 AI 코딩 교육이 쉬워집니다. 함께 도전해보세요!

김보해(오산초등학교 교사)

우리의 일상은 이미 다양한 AI 기술이 활용되고 있고 이를 활용할 수 있는 능력이 중요시되고 있습니다. 이 책은 아이들이 AI 기술을 스스로 만들고 활용할 수 있는 경험을 제공합니다. 아이들은 코딩을 통해 자신만의 인공지능 프로젝트를 만들고 도안을 통해 이를 실현시킬 수 있는 기회를 얻을 수 있게 될 것입니다. 아이들의 밝은 미래를 향한 여정에 함께 할 수 있어 영광이며, 이 책을 통해 즐거운 학습과 혁신의 순간들을 만들어가길 바랍니다!

서지훈(서산석림초등학교 교사)

'코드위즈 AI 메이커 스케치북'은 학생들을 위한 특별한 책입니다. 스케치북 형태의 구체물을 활용하여 도안을 제작하는 활동은 학생들에게 흥미로운 코딩 경험을 선사합니다. 특히 초보자도 쉽게 따라할 수 있는 내용과 함께, 창의적인 아이디어를 자유롭게 펼칠 수 있는 기회를 제공합니다. 또한 실제 교육 현장에서 활동하는 선생님들의 다양한 경험과 노하우를 담고 있어 현장에 적합하고 유익한 교육적 내용을 제공합니다. 따라서 많은 선생님들과 학생들에게 도움이 될 것으로 기대됩니다.

이동섭(사우초등학교 교사)

현대 사회에서는 문제해결 역량과 더불어 감성적 역량이 중요합니다. AI 메이커 스케치북을 통해 코딩을 하며 컴퓨팅 사고력 발달과 인공지능에 대한 이해력을 향상시키고, 도안을 완성하며 예술성과 감수성을 함께 키울 수 있는 좋은 기회가 되기를 바랍니다.

이민재(대덕초등학교 교사)

어떻게 하면 학생들이 인공지능을 좀 더 쉽게 이해할 수 있을까? 인공지능 시대에 발맞추어 나가기 위해 인공지능을 어떻게 하면 쉽게 공부할 수 있을까? 많은 고민이 되었습니다. 고민 끝에 학생들에게 친숙한 블록 코딩 프로그램인 엔트리와 다양한 센서가 포함되어 있는 코드위즈 그리고 재밌게 만들어보며 코딩과 인공지능를 습득할 수 있는 도안까지 있는 이 책을 집필하게 되었습니다. 코드위즈와 함께하는 AI 메이커 스케치북, 같이 떠나볼까요?

정준식(성연초등학교 교사)

AI 메이커 스케치북은 학생들이 코딩의 기본 원리를 이해하고, 이를 실생활에 어떻게 적용할 수 있는지에 대한 실질적인 경험을 제공하고자 했습니다. 코딩은 단순히 컴퓨터 언어를 배우는 것이 아니라, 문제 해결 능력과 창의적 사고력을 키우는 중요한 수단이라고 생각합니다. 이 책을 통해 학생들이 자신의 가능성을 활용할 수 있는 좋은 기회가 되길 바랍니다.

조광복(전주화정초등학교 교사)

이 교재는 학생들이 인공지능을 보다 쉽게 이해하고, 현대 사회에서 요구되는 창의적 문제 해결 역량과 메이킹을 통한 감성적 역량을 함께 키울 수 있도록 구성되어 있습니다. 코드위즈와 함께하는 AI 메이커 스케치북은 코딩을 통해 컴퓨팅 사고력을 발전시키고, 동시에 예술성과 감수성을 함께 키울 수 있습니다. 학생들과 함께 즐겁게 인공지능을 탐험해 보세요!

추성국(홍주초등학교 교사)

학교 현장에서 SW/AI 분야에 관한 교육을 진행하면서 느꼈던 어려운 점 중의 하나는, 학생들이 결과물을 구체적으로 만져보기가 어렵다는 것이었습니다. 본 교재는 교사는 부담없이 수업을 할 수 있도록 지원하고, 학생들은 손쉽게 스케치북의 형태로 결과물을 제작할 수 있다는 장점이 있습니다. 현직의 선생님들이 다수 참여한 만큼 실질적인 교육적 내용이 들어있으므로 현장의 많은 선생님들께 도움이 되기를 바랍니다.

한의표(청암초등학교 교사)

목 차

1. 인공지능이란 무엇일까요? — 10

1차시 학습 목표 인공지능에 대해 알아보고 나만의 알고리즘을 통해 문제를 해결할 수 있다.

- 활동 1 ▶ 인공지능의 역사 알아보기 — 15
- 활동 2 ▶ 인공지능 관련 단어 찾기 — 15
- 활동 3 ▶ 인공지능 알고리즘으로 문제 해결하기 — 16
- 활동 4 ▶ 인공지능 윤리에 대해 알아보기 — 17

2. AI 마법사! 코드위즈를 만나보아요! — 18

1차시 학습 목표 코드위즈에 대해 알아보고 코드위즈 센서를 활용한 간단한 코딩을 할 수 있다.

- 활동 1 ▶ 코드위즈 알아보기 — 20
- 활동 2 ▶ 코드위즈와 엔트리 연결하기 — 21
- 활동 3 ▶ 프로그래밍 도구 엔트리 알아보기 — 26
- 활동 4 ▶ 코드위즈 간단 코딩하기 — 28
- 전체코드 — 32

3. 코드위즈로 AI 번역 가면 만들기 — 34

1차시 학습 목표 버튼과 LED를 알고 순차, 선택, 반복문으로 프로그래밍 할 수 있다.

2차시 학습 목표 AI 번역 기능으로 프로그래밍하고, 나만의 'AI 번역 가면'을 만들 수 있다.

- 활동 1 ▶ 버튼과 LED 알아보고 연결하기 — 36
- 활동 2 ▶ 순차, 선택, 반복문으로 코딩하기 — 37
- 활동 3 ▶ AI 번역 기능으로 코딩하기 — 44
- 활동 4 ▶ AI 번역 가면을 만들고 축제 열기 — 50
- 전체코드 — 51

4 코드위즈로 빛 차단 보관함 만들기   52

| 1차시 학습 목표 | 빛 센서와 180도 서보모터를 활용하여 빛 차단 보관함을 코딩할 수 있다. |
| 2차시 학습 목표 | AI 손 인식 기능을 적용하고, '빛 차단 보관함'을 만들 수 있다. |

- 활동 1 빛 센서와 180도 서보모터 알아보고 연결하기   54
- 활동 2 빛 차단 보관함 코딩하기   55
- 활동 3 AI 손 인식 기능 적용하기   60
- 활동 4 빛 차단 보관함 활용하기   64
- 전체코드   65

5 코드위즈로 스쿼트 도우미 풍차 만들기   66

| 1차시 학습 목표 | 선택 구조와 OLED 센서를 활용하여 프로그램을 만들 수 있다. |
| 2차시 학습 목표 | AI 사람 인식 기능을 추가하고, '스쿼트 도우미 풍차'를 만들 수 있다. |

- 활동 1 OLED와 프로펠러 모터 알아보고 연결하기   68
- 활동 2 OLED와 프로펠러 모터로 코딩하기   69
- 활동 3 AI 사람 인식 기능 추가하기   73
- 활동 4 모둠별로 스쿼트 횟수 대결하기   78
- 전체코드   79

6 코드위즈로 우주선 컨트롤러 만들기   80

| 1차시 학습 목표 | 3축 센서에 대해 이해하고 '우주선 컨트롤러'를 만들 수 있다. |
| 2차시 학습 목표 | AI 음성 인식 기능을 추가하고 '우주선 컨트롤러'를 이용한 게임을 만들 수 있다. |

- 활동 1 3축 센서를 알아보고 연결하기   82
- 활동 2 코드위즈의 3축 센서로 우주선 조종 코딩하기   82
- 활동 3 AI 음성 인식 기능으로 코딩하기   87
- 활동 4 우주선을 컨트롤하여 비행 유닛을 피하는 게임하기   96
- 전체코드   97

목 차

7 코드위즈로 AI 전자 드럼 만들기 ... 98

- **1차시 학습 목표** 컬러 센서와 거리 센서를 활용하여 전자 드럼 코딩을 할 수 있다.
- **2차시 학습 목표** AI 이미지 모델 기능으로 프로그래밍하고, 'AI 전자 드럼'을 만들 수 있다.

- 활동 1 거리 센서와 컬러 센서를 알아보고 연결하기 ... 100
- 활동 2 전자 드럼 코딩하기 ... 101
- 활동 3 AI 이미지 모델 기능 적용하기 ... 106
- 활동 4 AI 전자 드럼을 만들고 기타 루프와 합주하기 ... 112
- 전체코드 ... 113

8 코드위즈로 AI 스마트폰 만들기 ... 114

- **1차시 학습 목표** 도트매트릭스와 마이크 센서를 활용하여 감정 표현 코딩을 할 수 있다.
- **2차시 학습 목표** AI 음성 모델 기능으로 프로그래밍하고, 'AI 스마트폰'을 만들 수 있다.

- 활동 1 도트매트릭스와 마이크 센서 알아보고 연결하기 ... 116
- 활동 2 소리에 반응하는 스마트폰 코딩하기 ... 117
- 활동 3 AI 음성 모델 기능 추가해서 코딩하기 ... 123
- 활동 4 AI 스마트폰 활용하기 ... 132
- 전체코드 ... 133

9 코드위즈로 옷 추천 알리미 만들기 ... 134

- **1차시 학습 목표** 온도 센서와 180도 서보모터를 활용하여 옷 추천 알리미를 코딩할 수 있다.
- **2차시 학습 목표** 날씨 확장 블록으로 실시간 데이터를 활용해 옷 추천 알리미를 만들 수 있다.

- 활동 1 온도 센서와 180도 서보모터 알아보고 연결하기 ... 136
- 활동 2 옷 추천 알리미 코딩하기 ... 137
- 활동 3 날씨 확장 블록으로 코딩하기 ... 142
- 활동 4 옷 추천 알리미 활용하기 ... 146
- 전체코드 ... 147

10 코드위즈로 실생활 문제 해결하기 148

1~2차시 학습 목표 문제 해결을 위한 계획을 세울 수 있다.
3~4차시 학습 목표 프로젝트를 통해 실생활 문제를 해결할 수 있다.

- 활동 1 ▶ 문제상황 분석하기 151
- 활동 2 ▶ 문제해결 계획하기 152
- 활동 3 ▶ 문제 해결하기 156
- 활동 4 ▶ 활동 평가하기 157
- 선택활동 — 예시코드 158

코드위즈
AI 메이커 스케치북
[도안편]

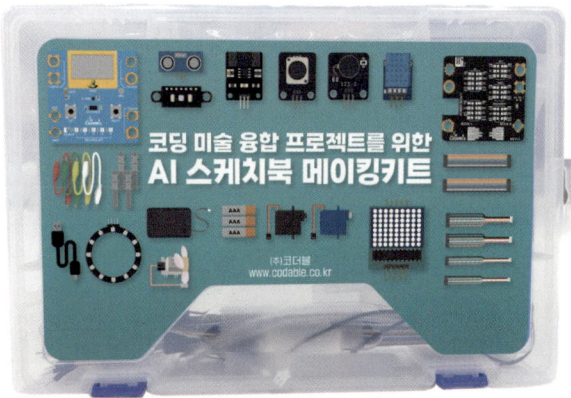

AI 스케치북
메이킹키트

01 인공지능이란 무엇일까요?

◆ 1차시 학습 목표

인공지능에 대해 알아보고 나만의 알고리즘을 통해 문제를 해결할 수 있다.

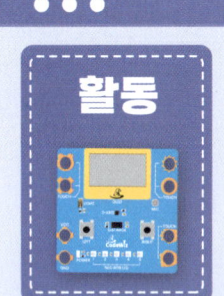

활동
1. 인공지능의 역사 알아보기
2. 인공지능 관련 단어 찾기
3. 인공지능 알고리즘으로 문제해결하기
4. 인공지능 윤리에 대해 알아보기

〈수업자료PPT〉
https://bit.ly/4c8Vrwu

챕터1. 인공지능이란 무엇일까요?

들어가기

- '인공지능에 대해 알아봐요'를 읽으며 이번 시간에 할 활동을 알아봅시다.

"인공지능에 대해 알아봐요"

우리 오늘은 인공지능에 대해 알아보도록 할게요. 먼저 인공 지능의 역사를 간단히 알아보도록 해요.
그럼, 인공지능의 역사 여행을 시작해 볼까요?

인공지능의 역사

1. 인공지능의 시작: 1950년대

인공지능의 역사는 1950년대로 거슬러 올라가요. 그때, 한 영국의 수학자 앨런 튜링이라는 분이 '튜링 테스트'라는 걸 만들었어요. 이 테스트는 기계가 사람처럼 생각할 수 있는지를 확인하는 방법이었죠.

2. 인공지능의 첫 발걸음: 1956년

1956년에는 미국에서 '다트머스 회의'라는 중요한 모임이 있었어요. 여기서 학자들이 처음으로 '인공지능'이라는 단어를 사용했답니다. 이 회의가 인공지능 연구의 시작점이 되었어요.

3. 인공지능의 발전: 1960~1970년대

이 시기에는 여러 프로그램들이 개발되었어요. 예를 들어, '엘리자'라는 프로그램은 사람과 대화를 할 수 있었어요. 지금 보는 챗봇과 비슷했답니다. '쉐이키'라는 로봇은 주변 환경을 인식하고 움직일 수 있었어요.

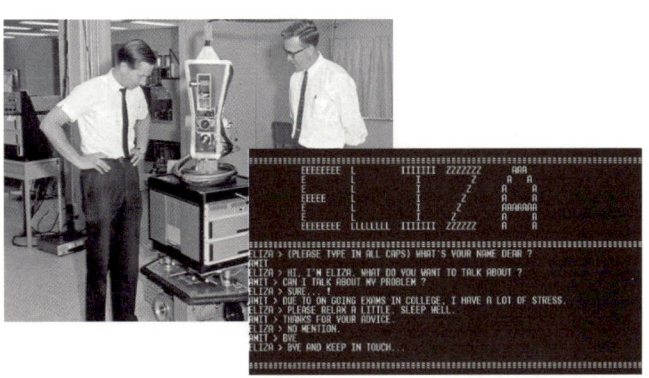

4. 인공지능의 겨울: 1980~1990년대

하지만, 기술적인 한계와 예산 문제로 인공지능 연구가 잠시 멈춘 시기도 있었어요. 이 시기를 '인공지능의 겨울'이라고 부른답니다.

5. 인공지능의 부활: 2000년대

2000년대 들어서, 인터넷의 발달과 더 많은 데이터, 강력한 컴퓨터 덕분에 인공지능 연구가 다시 활발해졌어요. '머신러닝'이라는 새로운 방법이 인공지능을 더 똑똑하게 만들었죠.

6. 현재의 인공지능: 2010년대 이후

오늘날에는 인공지능이 우리 생활 곳곳에서 사용되고 있어요. 예를 들어, 스마트폰의 음성 인식, 인터넷 검색, 자율 주행 자동차 등이 그 예시랍니다. 인공지능은 계속해서 발전하고 있어요.

어떤가요? 인공지능이 생각보다 오랜 역사를 가진 것을 알 수 있었죠?
이렇게 인공지능은 과거부터 오늘날까지 많이 발전했답니다. 앞으로도 인공지능은 더 많은 일을 할 수 있게 될 거예요. 우리 모두가 인공지능의 미래에 대해 함께 생각해 보는 것도 재미있겠죠? 어떤 멋진 일들이 기다리고 있을까요? 기대되지 않나요?

이제 인공지능이 어떻게 작동되는지 알아보도록 해요.

인공지능의 이론과 작동 방법

1. 인공지능이란 무엇일까요?

인공지능은 컴퓨터나 기계가 사람처럼 생각하고, 배우며, 문제를 해결하는 기술이에요. 마치 우리가 새로운 것을 배우고, 생각하는 것처럼 말이죠!

2. 인공지능은 어떻게 배우나요?

인공지능은 '데이터'라는 것을 통해 배워요. 데이터란 정보의 다른 말이에요. 예를 들어, 사진, 글, 숫자 등이 있죠. 인공지능은 이런 데이터를 많이 보고, 분석해서 스스로 배워나가요.

3. 머신러닝이란 무엇일까요?

'머신러닝'은 인공지능이 데이터를 보고 스스로 배우는 방법이에요. 이 방법을 사용하면, 인공지능은 많은 예시를 보고 스스로 규칙을 찾아내요. 마치 우리가 문제를 풀면서 배우는 것처럼요.

4. 딥러닝은 무엇일까요? 머신러닝과 차이점은요?

딥러닝은 머신러닝의 한 종류로, 더 복잡한 문제를 풀 수 있어요. 딥러닝은 컴퓨터에게 뇌의 신경망처럼 일하는 많은 '층'을 만들어 줘요. 이 층들이 데이터를 깊게 분석하고, 사진 속 물건을 알아보거나, 말하는 것을 이해하는 데 도움을 준답니다.

따라서, 딥러닝은 머신러닝보다 더 많은 데이터와 더 복잡한 문제를 해결할 수 있어요. 마치 더 많은 문제를 풀 수 있는 슈퍼 두뇌를 가진 것 같죠!

5. 인공지능은 어떻게 생각해요?

인공지능은 '알고리즘'이라는 계산법을 사용해요. 이 알고리즘은 복잡한 문제를 해결하는 단계별 지침이라고 할 수 있어요. 이를 통해 인공지능은 문제를 해결하고, 결정을 내려요.

6. 인공지능은 어디에 사용되나요?

이미 인공지능은 우리 주변에서 많이 사용되고 있어요. 예를 들어, 스마트폰의 음성 인식, 추천 시스템, 자율 주행 자동차 등이 있어요. 이런 기술들은 모두 인공지능 덕분이에요.

이제 또 다른 중요한 주제, 바로 '인공지능과 윤리'에 대해 이야기해 볼 거예요. 인공지능을 어떻게 올바르게 사용해야 하는지 함께 알아보아요!

인공지능 윤리에 대해 알아봐요

1. 인공지능의 올바른 사용: 왜 중요할까요?

인공지능은 우리 생활에 많은 도움을 주지만, 잘못 사용하면 문제를 일으킬 수도 있어요. 예를 들어, 사람들에게 편견을 주거나 잘못된 정보를 배울 수 있어요. 그래서 인공지능을 올바르고 책임감 있게 사용하는 것이 중요해요.

2. 인공지능과 편견: 어떻게 조심해야 할까요?

인공지능은 배운 데이터를 바탕으로 결정을 내려요. 만약 배우는 데이터에 편견이 있다면, 인공지능도 편견을 가질 수 있어요. 예를 들어, 특정 집단의 사람들에 대해 잘못된 판단을 할 수 있어요. 그래서 다양하고 공정한 데이터를 사용하는 것이 중요해요.

3. 인공지능의 개인정보 보호: 왜 중요할까요?

인공지능이 사람들에 대해 많은 것을 알 수 있기 때문에, 개인정보 보호가 정말 중요해요. 우리의 사진, 대화, 개인적인 정보 등은 안전하게 보호되어야 해요. 인공지능을 사용할 때는 항상 개인정보 보호에 신경 써야 해요.

4. 인공지능의 안전한 사용: 어떻게 해야 할까요?

인공지능은 사람들에게 도움이 되어야 해요. 안전하지 않거나 해를 끼치는 방법으로 사용되어서는 안 돼요. 인공지능을 만들고 사용할 때는 항상 사람들의 안전을 생각해야 해요.

5. 인공지능 리터러시

'인공지능 리터러시'는 인공지능에 대해 잘 알고, 올바르게 사용하는 능력을 말해요. 우리가 인공지능을 이해하고, 책임감 있게 사용할 수 있도록 배우는 것이 중요해요.

인공지능은 매우 강력한 도구예요. 하지만 그만큼 올바르게 사용하는 것이 중요해요. 우리 모두가 인공지능을 이해하고, 책임감 있게 사용하는 방법을 배운다면, 더 좋은 미래를 만들 수 있을 거예요. 인공지능과 함께하는 미래가 기대되지 않나요?
그리고 인공지능은 앞으로도 계속 발전할 거예요. 더 많은 일을 할 수 있게 되고, 우리 생활을 더 편리하게 해줄 거예요. 인공지능이 무엇을 할 수 있을지 상상하는 것도 재미있겠죠?

챕터1. 인공지능이란 무엇일까요?

활동 1   인공지능의 역사 알아보기

★ 인공지능의 역사를 잘 알아봤나요? 그럼 우리 빈칸을 채워볼까요?

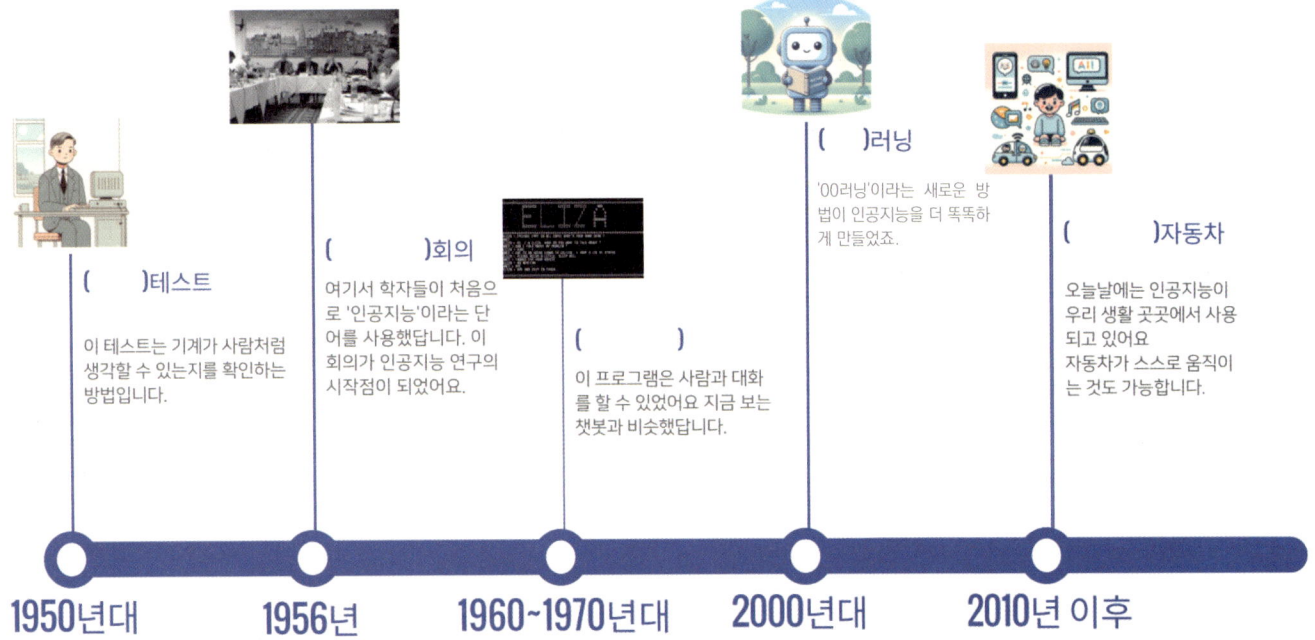

- 1950년대: ( )테스트 — 이 테스트는 기계가 사람처럼 생각할 수 있는지를 확인하는 방법입니다.
- 1956년: ( )회의 — 여기서 학자들이 처음으로 '인공지능'이라는 단어를 사용했답니다. 이 회의가 인공지능 연구의 시작점이 되었어요.
- 1960~1970년대: ( ) — 이 프로그램은 사람과 대화를 할 수 있었어요 지금 보는 챗봇과 비슷했답니다.
- 2000년대: ( )러닝 — '○○러닝'이라는 새로운 방법이 인공지능을 더 똑똑하게 만들었죠.
- 2010년 이후: ( )자동차 — 오늘날에는 인공지능이 우리 생활 곳곳에서 사용되고 있어요 자동차가 스스로 움직이는 것도 가능합니다.

정답 : 튜링, 다트머스, 엘리자, 머신, 자율 주행

활동 2   인공지능 관련 단어 찾기

★ 인공지능의 이론과 작동방법을 생각해 보면서 다음 단어를 찾아봅시다.
   – 찾아야 하는 단어: 인공지능, 데이터, 머신러닝, 딥러닝, 알고리즘

약	머	공	머	신	러	닝	닝	타	크
고	인	신	인	알	알	가	호	인	하
타	감	딥	고	고	여	능	공	공	닝
머	신	러	닝	리	터	호	여	지	딥
인	닝	감	리	즘	알	고	이	능	파
데	하	차	감	여	고	파	리	고	파
이	인	공	지	능	리	딥	타	터	호
터	신	딥	알	초	즘	러	신	공	추
러	교	러	데	타	여	닝	데	이	터
크	이	닝	딥	타	참	튜	육	차	타

15

활동 3 인공지능 알고리즘으로 문제 해결하기

⭐ **알고리즘은 복잡한 문제를 해결하는 단계별 지침입니다. 여러분의 알고리즘을 만들어서 문제를 해결해 봅시다.**

○ 목표: 책상 안을 효과적으로 정리하기 위한 단계별 알고리즘을 만듭니다.
　가. 문제 인식하기
　　– 책상 안이 어지럽다고 상상해 보세요. 어떤 물건들이 책상 안에 있을까요?
　나. 알고리즘 작성하기
　　– 아래의 빈칸에 책상을 정리하는 방법을 단계별로 적어보세요. 각 단계는 간결하고 명확해야 합니다.

　　(예시)
　　○ 책상 안에 모든 물건을 책상에서 내려놓습니다.
　　○ 책상안을 깨끗이 닦습니다.
　　○ 물건들을 종류별로 나눕니다. (예: 필기구, 책, 공책 등)
　　○ 각 물건을 적절한 위치에 다시 놓습니다. (예: 필기구는 필통에, 책은 책꽂이에)
　　○ 쓰레기는 쓰레기통에 버립니다.

　다. 나의 알고리즘

　　1. _____
　　2. _____
　　3. _____
　　4. _____
　　5. _____

　라. 이번에는 여러분 주변의 문제상황을 찾아보고 해결 방법을 알고리즘으로 만들어 봅시다.

　　1. 문제 인식하기

　　2. 나의 알고리즘

　　　① _____
　　　② _____
　　　③ _____
　　　④ _____
　　　⑤ _____

챕터1. 인공지능이란 무엇일까요?

활동4 인공지능 윤리에 대해 알아보기

❖ 다음 이야기를 읽고, 인공지능이 올바르게 사용되었는지 판단해 보세요.
이유도 함께 적어보세요.

> 준호는 부모님으로부터 AI 스피커를 선물로 받았어요. 이 AI 스피커는 날씨를 알려주고, 음악을 틀어주며, 간단한 질문에도 답할 수 있었어요. 준호는 이 스피커가 매우 마음에 들었습니다. 어느 날, 준호가 수학 숙제를 하다가 어려운 문제에 부딪혔어요. 그래서 준호는 AI 스피커에게 문제의 답을 물어봤고, 스피커는 정확한 답을 알려줬어요. 준호는 잠시 고민했지만, 결국 AI 스피커의 답을 그대로 숙제에 적었어요.

❖ 위 이야기에서 인공지능을 올바로 사용하지 않는 부분과 그 이유를 적어보세요.

예시답안) 준호는 AI 스피커를 이용하여 숙제의 답을 얻었기 때문에 올바르게 사용하지 않았습니다. AI 스피커와 같은 인공지능 기술은 정보를 제공하고 학습을 도와주는 목적으로 사용되어야 합니다. 하지만, 숙제의 답을 직접 제공받음으로써 준호는 스스로 문제를 해결하고 학습하는 기회를 잃었습니다. 이는 인공지능을 학습의 도구로 사용하는 것이 아니라, 쉬운 해결책으로 사용하는 것이므로 올바르지 않습니다.

인공지능 관련 단어 찾기 정답

02 AI 마법사! 코드위즈를 만나보아요!

◆ 1차시 학습 목표

– 코드위즈에 대해 알아보고 코드위즈 센서를 활용한 간단한 코딩을 할 수 있다.

활동
1. 코드위즈 알아보기
2. 코드위즈와 엔트리 연결하기
3. 프로그래밍 도구 엔트리 알아보기
4. 코드위즈 간단 코딩하기

〈수업자료PPT〉

https://bit.ly/3VajpS0

◆ 준비물

1. PC 또는 노트북
2. 코드위즈 키트

 더 알아보기

선생님께 안내드려요.

이번 차시부터는 엔트리 로그인이 필요합니다.
우측 엔트리 사이트에 접속하셔서 '교원 연수 및 기타 참고 자료' 속 '엔트리 나의 학급 기능 메뉴얼'을 다운로드 하시고 학생 계정을 생성하여 배포해 주세요. 학생들이 기존에 엔트리 아이디가 있는 경우에는 넘어가도 괜찮습니다.

또한, 학생들이 코드위즈와 엔트리 연결을 스스로 할 수 있어야 이후 수업이 원활히 진행되므로 꼭! 학생들이 코드위즈 엔트리 연결법을 제대로 숙지할 수 있도록 교육 부탁드립니다.

챕터 2. AI 마법사! 코드위즈를 만나보아요!

들어가기

- 영상을 보고 아래의 질문에 답해 봅시다.

"코딩마법사 코드위즈"

코드위즈를 사용하면 어떤 재미있는 프로젝트를 만들 수 있을까요?
코드위즈 영상으로 알아봅시다.

QR 코드를 스마트폰으로 찍어보아요!

- 코드위즈를 사용해서 어떤 작품을 만들고 싶은지 자유롭게 적어봅시다.

예시) 거리를 측정하는 도구, 기울기 센서를 이용한 수평계, 자율주행 자동차 등등

오늘 해결할 문제!

코드위즈를 활용하면
다양한 프로젝트를 만들 수 있어요.
그러기 위해서는 **코드위즈의 센서**에 대해
알아보고 **엔트리**라는 코딩 프로그램을
알아봐야 해요. 어렵지 않답니다.
코드위즈와 엔트리를 연결시켜서
간단한 코딩을 해볼까요?

19

활동 1 코드위즈 알아보기

⭐ 앞의 영상을 보고 빈칸을 채워봅시다.

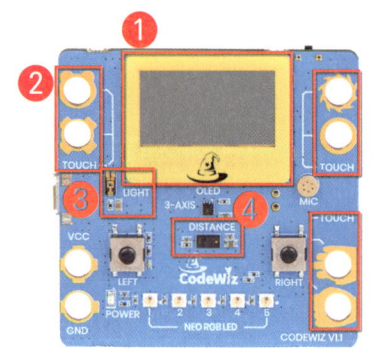

앞면 센서(1)

① (　　　)는 문자, 숫자, 기호와 도형 등을 출력합니다.
② (　　　) 6개는 터치 유무를 판단합니다.
③ (　　　)는 주변 빛의 밝기를 측정합니다.
④ (　　　)는 보드로부터 물체의 거리를 mm단위로 측정합니다.

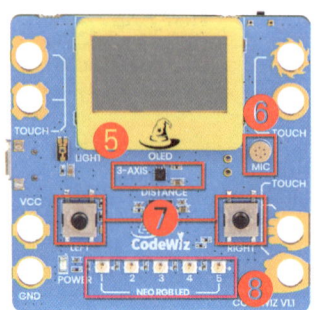

앞면 센서(2)

⑤ (　　　)는 보드의 기울어진 정도를 측정합니다.
　또한 보드의 현재 온도도 측정합니다.
⑥ (　　　)는 주변의 소리 크기를 측정합니다.
⑦ (　　　)은 버튼 눌림의 유무를 판단합니다.
⑧ (　　　　)는 다양한 색과 밝기의 빛을 출력합니다.

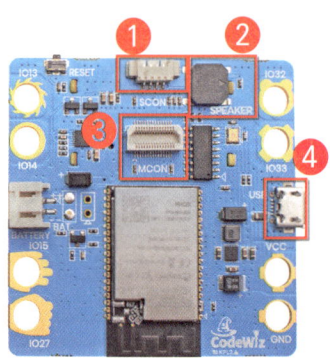

뒷면 센서(1)

① (　　　)는 4핀 케이블을 이용하여 외부 센서에 연결합니다.
② (　　　)는 넓은 음역대의 계이름을 출력합니다.
③ (　　　)는 코드위즈와 확장되는 보드를 연결합니다.
④ (　　　)는 컴퓨터 혹은 보조 배터리를 연결합니다.

뒷면 센서(2)

⑤ (　　　)는 배터리 케이스를 통해 외부 전원을 공급합니다.
⑥ (　　　　)는 다양한 무선통신을 통해 코드위즈의 센서를 제어하거나 코드위즈끼리 통신할 수 있게 합니다. 또한 자석의 세기와 극성을 판단하는 홀센서도 함께 있습니다.
⑦ (　　　)은 코드위즈를 초기화 합니다.

챕터 2. AI 마법사! 코드위즈를 만나보아요!

활동 2 코드위즈와 엔트리 연결하기

❋ 코드위즈와 엔트리를 연결해봅시다.

① 크롬 브라우저를 실행하고 https://playentry.org/에 접속합니다. [엔트리]를 검색해서 [엔트리] 사이트에 접속하면 편리합니다.

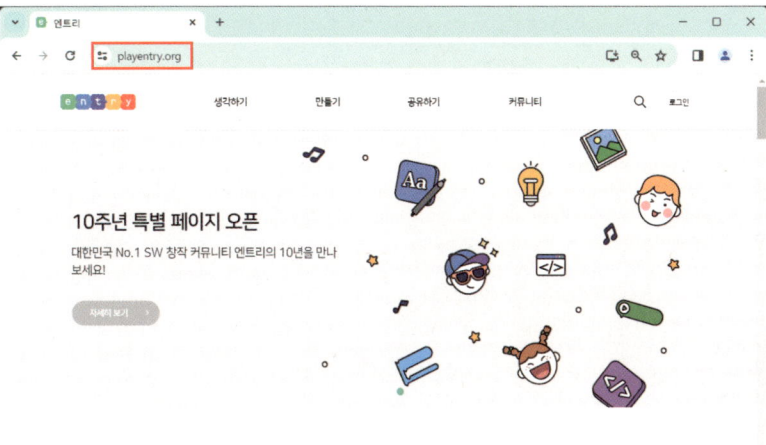

② 우측 상단의 [로그인] 버튼을 누르고 엔트리에 로그인합니다.

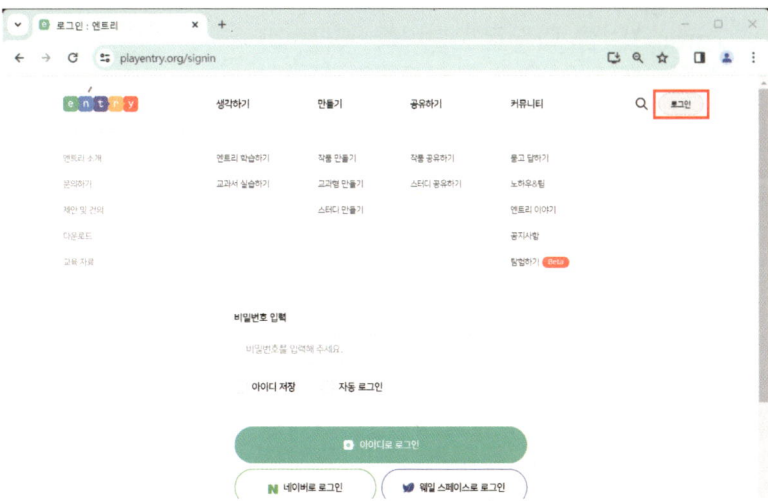

③ 엔트리 홈페이지 상단의 [만들기]에서 [작품 만들기]로 들어갑니다. 만일 [작품 복구] 창이 뜨면 [취소]를 클릭합니다.

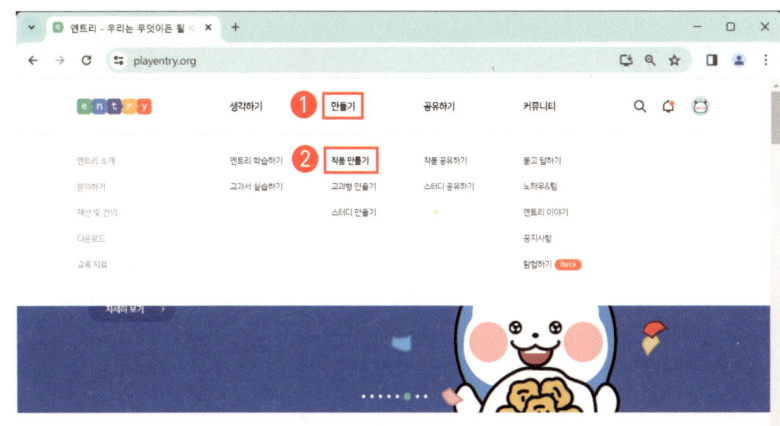

④ {하드웨어}에서 [연결 프로그램 다운로드]를 클릭합니다. 연결 프로그램이 이미 다운로드 되어 있을 경우 ⑧번으로 넘어갑니다.

⑤ [엔트리 하드웨어 연결]에서 [Windows]를 클릭해 연결 프로그램을 다운로드합니다. 만일 기기가 맥북일 경우 [macOS]를 다운로드합니다. 이전 버전의 하드웨어 연결 프로그램이 설치되어 있다면 제거한 후에 설치합니다.

⑥ 다운로드 된 설치 파일을 더블 클릭합니다. 설치 안내 문구에 따라 설치를 진행합니다.

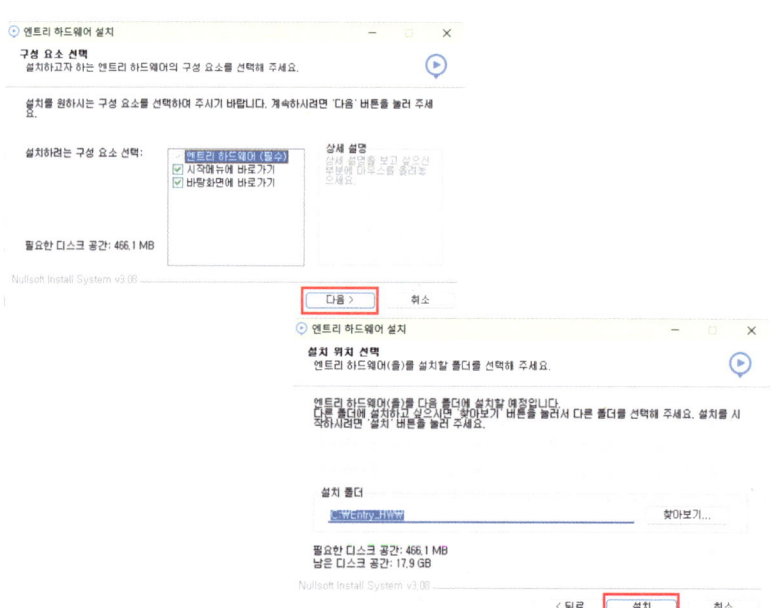

⑦ 설치가 완료되었다는 문구가 나타나면 [엔트리 하드웨어 실행하기] 체크를 해제하고 [마침]을 클릭합니다.

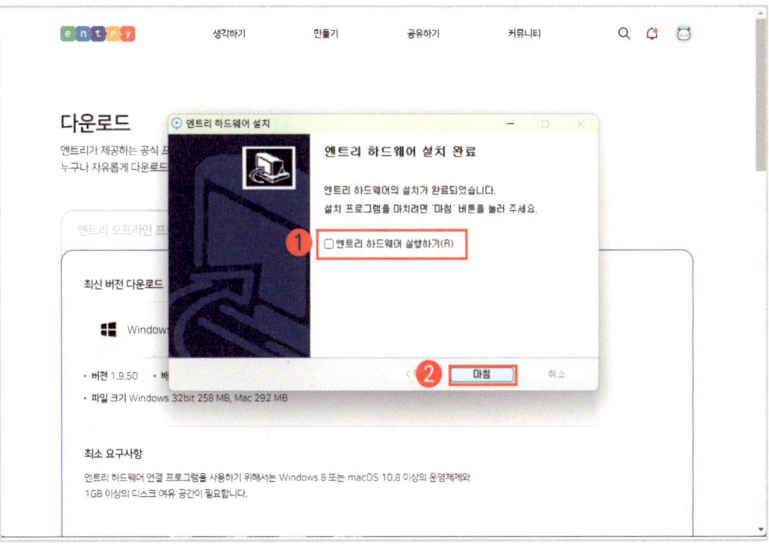

⑧ 다시 엔트리 창으로 돌아와 {하드웨어}에서 [연결 프로그램 열기]를 클릭합니다.

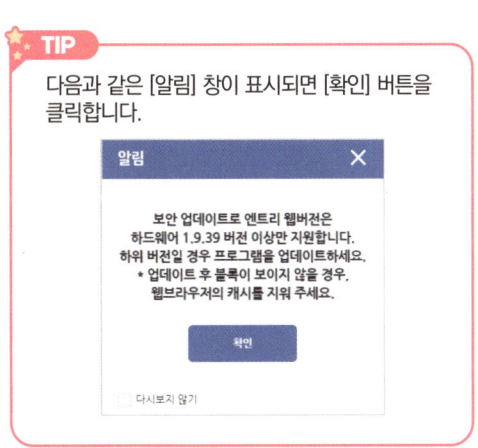

TIP
다음과 같은 [알림] 창이 표시되면 [확인] 버튼을 클릭합니다.

⑨ [열기] 창이 표시되면 [Entry_HW 열기]를 클릭합니다.

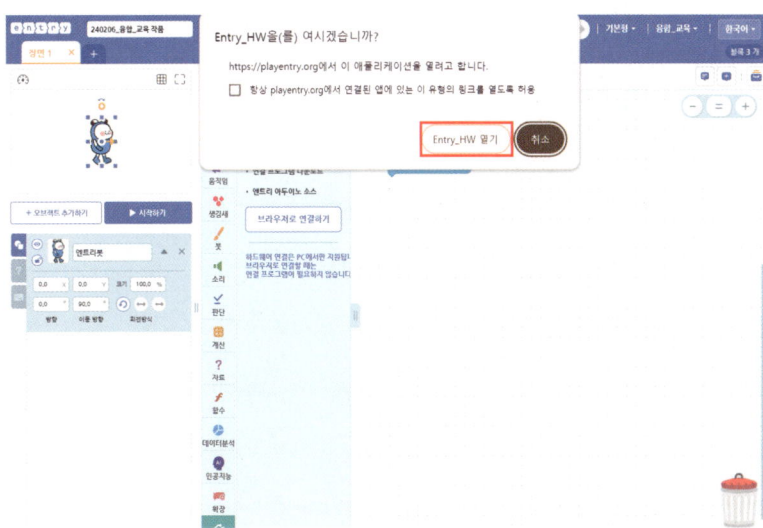

⑩ [엔트리 하드웨어] 창이 표시되면 검색창에 '코드위즈'를 입력합니다. 검색된 코드위즈가 표시되면 코드위즈를 클릭합니다.

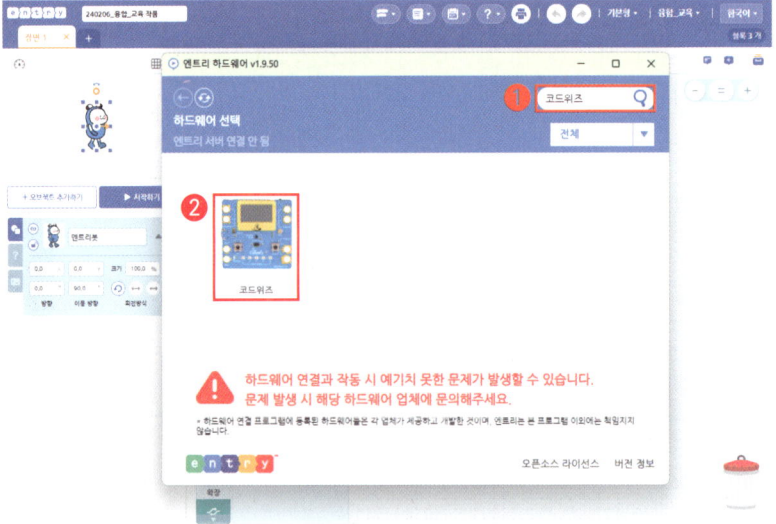

⑪ 컴퓨터와 코드위즈를 USB 케이블을 이용해서 연결합니다. 새롭게 추가된 포트를 선택한 후 연결 을 클릭합니다.

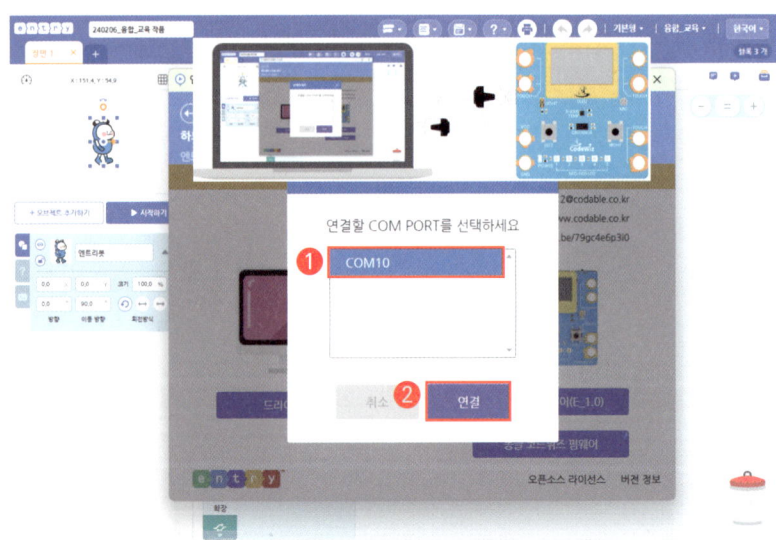

TIP
연결 포트가 표시되지 않는다면 드라이버 설치 를 눌러 드라이버를 설치한 후 USB 케이블을 다시 연결해봅니다.

⑫ '연결 성공' 문구가 표시되면 코드위즈 펌웨어(E_1.0) 를 클릭합니다.

챕터 2. AI 마법사! 코드위즈를 만나보아요!

⑬ '펌웨어 업로드 중입니다...'라는 문구가 표시되면 잠시 기다립니다. '하드웨어와 연결되었습니다.' 라는 문구가 표시되면 연결이 완료된 것이므로 [엔트리 하드웨어] 창을 최소화합니다. ([엔트리 하드웨어] 창을 닫게 되면 연결이 해제되므로 창을 닫지 않도록 주의합니다.)

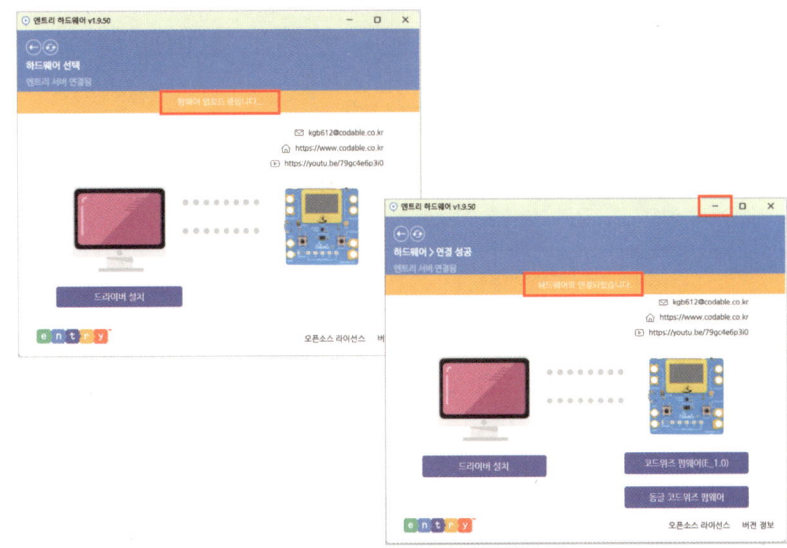

> **TIP**
> 펌웨어는 처음 한 번만 설치하며, 펌웨어 설치가 완료되면 코드위즈 OLED 화면에 코드위즈 로고와 함께 E_1.0이 표시됩니다.

⑭ {하드웨어}에 코드위즈 센서 블록들이 표시되는지 확인합니다. 만약 센서 블록들이 표시되지 않는다면 [엔트리 하드웨어] 창을 닫고 다시 한 번 하드웨어를 연결해봅니다.

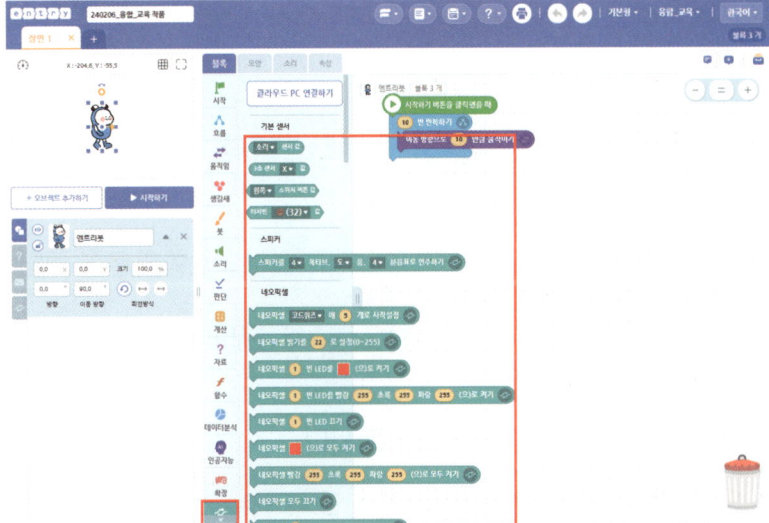

> **TIP**
> 코딩 중 작동이 되지 않는다면 [엔트리 하드웨어] 창을 닫고 다시 연결합니다.

25

활동 3 프로그래밍 도구 엔트리 알아보기

⭐ 엔트리 초기 화면을 살펴봅시다.

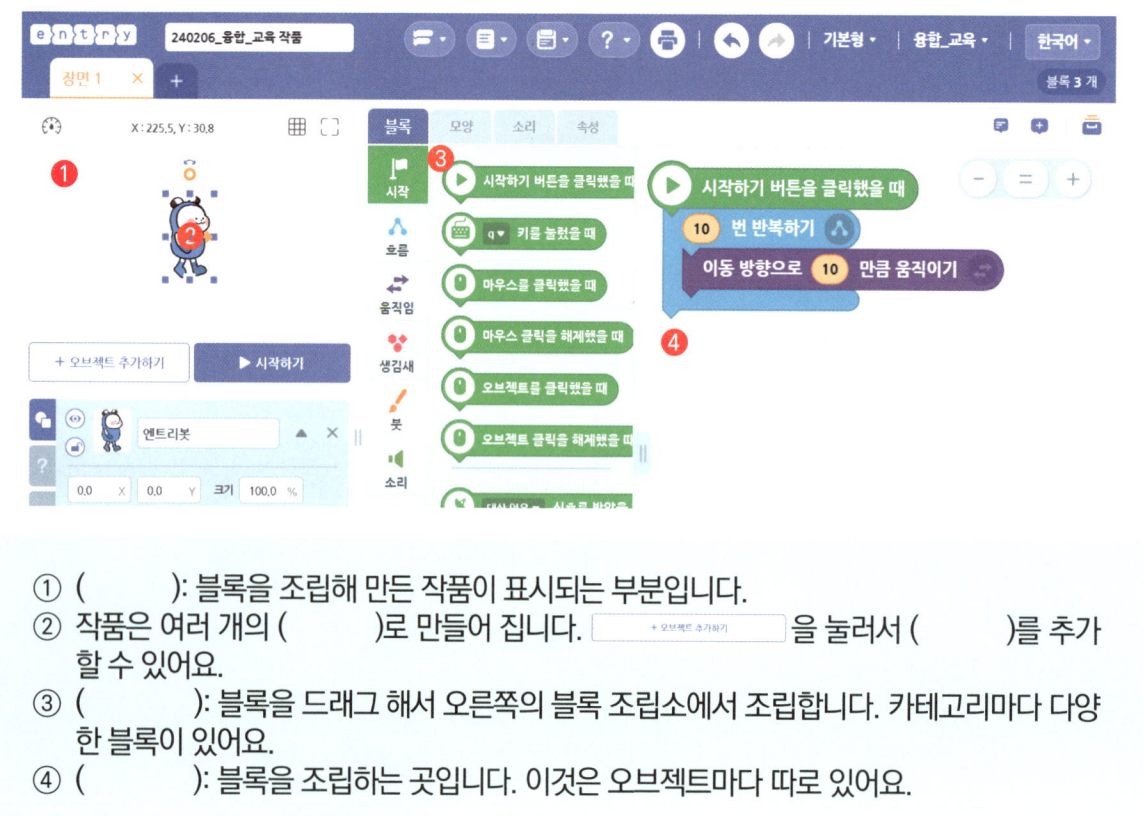

① (　　　): 블록을 조립해 만든 작품이 표시되는 부분입니다.
② 작품은 여러 개의 (　　　)로 만들어 집니다. [+ 오브젝트 추가하기] 을 눌러서 (　　　)를 추가 할 수 있어요.
③ (　　　): 블록을 드래그 해서 오른쪽의 블록 조립소에서 조립합니다. 카테고리마다 다양한 블록이 있어요.
④ (　　　): 블록을 조립하는 곳입니다. 이것은 오브젝트마다 따로 있어요.

⭐ 엔트리 만들기 화면을 살펴봅시다.

① 오브젝트: 코드를 통해 움직일 수 있는 것들을 말합니다. 캐릭터, 사물, 글상자, 배경 등이 있습니다. [+ 오브젝트 추가하기] 를 누르면 다양한 오브젝트를 추가할 수 있습니다.

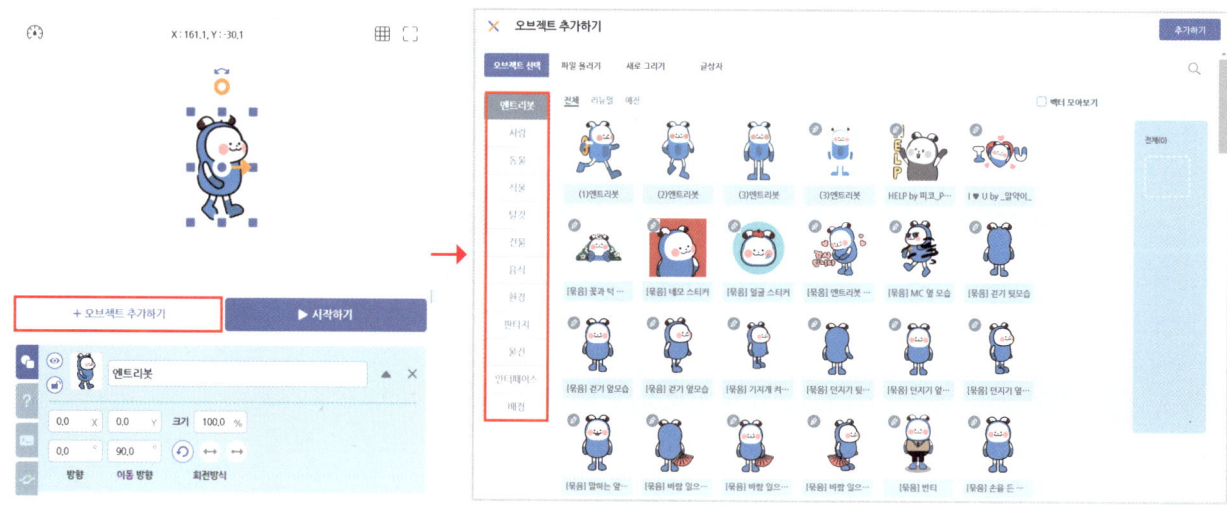

26

② 오브젝트에게 명령하기
  ㉮ 오브젝트 선택: 오브젝트를 움직이기 위해서는 오브젝트 목록에서 움직일 오브젝트를 선택합니다.
  ㉯ 필요한 블록을 찾아 블록 조립소로 가져오기: 블록 꾸러미에는 12개의 카테고리가 있고, 카테고리별로 다른 색의 블록이 들어있습니다.
  ㉰ 블록을 조립하여 코드 만들기: 일상언어로 이루어진 다양한 명령 블록들을 블록조립소로 끌어와 조립합니다. 조립한 블록들을 '코드'라고 합니다.
  ㉱ ▶시작하기 로 코드 실행하기: ▶시작하기 를 클릭하면 블록조립소의 코드에 따라 오브젝트가 명령을 수행합니다.

③ 실행화면 세부기능

  ㉮ [장면] 탭: 여기서 여러 가지 장면으로 된 작품을 만들 수 있습니다.
  ㉯ [속도조절] 버튼: 속도조절 버튼을 누르면 작품의 실행속도를 조절할 수 있습니다.
  ㉰ [모눈종이] 버튼: 모눈종이 버튼을 누르면 실행화면의 좌표를 볼 수 있습니다.
  ㉱ [크게보기] 버튼: 크게보기 버튼을 누르면 엔트리 작품을 전체화면에 가깝게 볼 수 있습니다.

  ㉮ 모드 변경: 블록코딩과 엔트리파이썬 중 코딩 모드를 선택하여 변경합니다.
  ㉯ 새로 만들기: 작품을 새로 만들거나 저장한 작품을 불러옵니다.
  ㉰ 저장: 현재 작품을 웹 또는 내 컴퓨터에 저장합니다.
  ㉱ 도움말: 블록 도움말을 보거나 각종 가이드 문서를 다운받습니다.
  ㉲ 코드 프린트: 작품에 쓰인 모든 오브젝트와 코드를 정리한 페이지를 띄워줍니다.
  ㉳ 되돌리기: 작업을 바로 이전 또는 이후로 되돌립니다.
  ㉴ 계정: 자신의 아이디를 클릭하면 저장한 작품을 조회하거나 개인정보를 수정할 수 있습니다.
  ㉵ 언어: 언어를 변경합니다. (한국어, 영어)

활동 4 코드위즈 간단 코딩하기

● 코드위즈 속 '스피커(부저)'를 알아봅시다.

스피커(부저) 센서

- 코드위즈의 뒷면에는 (   ) 센서가 부착되어 있어요.
- (   ) 센서는 높낮이가 다른 여러 가지 음을 출력합니다.
- (   ) 센서는 여러 전자기기 속에서 소리를 내는 역할을 담당합니다.

● 코드위즈 속 '터치 센서'를 알아봅시다.

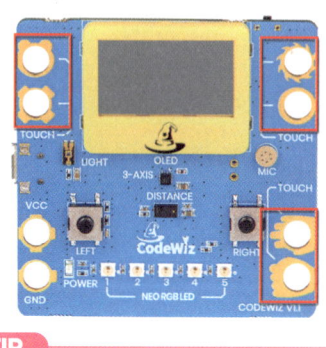

터치 센서

- (   ) 센서는 터치 유무를 판단합니다.
- (   ) 센서의 앞면에 그려진 그림으로 쉽게 구분할 수 있습니다.
- 터치한 경우에는 1(TRUE), 터치하지 않은 경우에는 0(FALSE)을 출력합니다.
- 스마트폰 등 다양한 전자기기에서 활용되고 있습니다.

TIP 터치 센서의 핀번호는 뒷면에 표시되어 있습니다.

● 스피커와 터치 센서를 활용한 간단한 코딩을 해 봅시다.

① {시작}에서 [시작하기 버튼을 클릭했을 때] 블록을 가져옵니다.

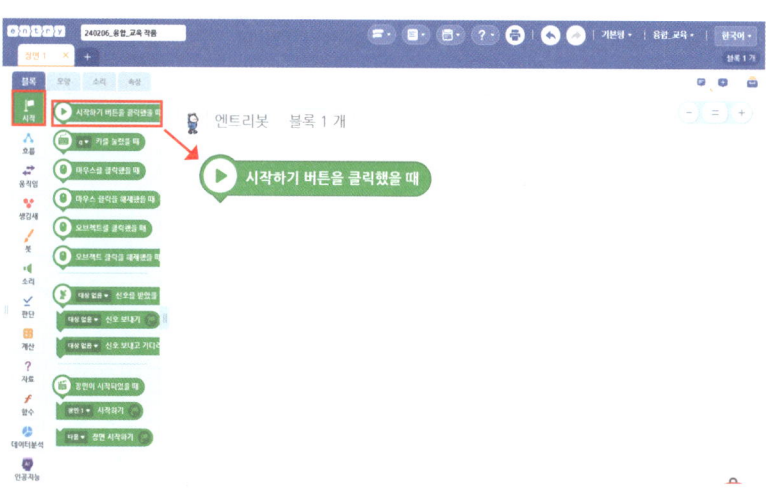

28

❷ 터치 센서가 터치되었는지 판단하기 위해 {흐름}에서 [계속 반복하기] 블록을 가져와 [시작하기 버튼을 클릭했을 때] 블록 아래에 연결합니다. [만일 〈참〉 (이)라면] 블록을 [계속 반복하기] 블록에 끼워 넣습니다.

❸ 곰모양 터치 센서가 터치되면 '도'음을 연주하도록 {하드웨어}에서 [터치핀 (32) 값] 블록을 가져와서 〈참〉에 끼워 넣습니다. [스피커를 4옥타브, 도음, 4분음표로 연주하기] 블록을 가져와 [(이)라면] 블록에 끼워 넣습니다.

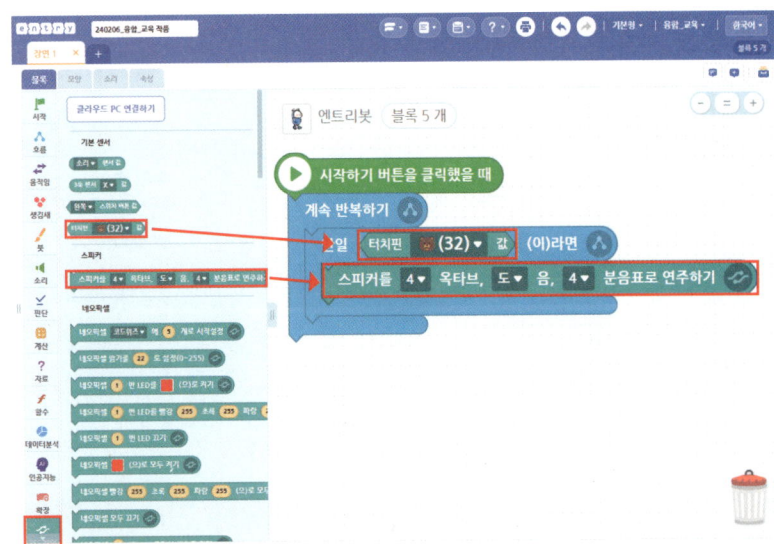

❹ [만일 터치핀 (32) 값 (이)라면] 블록에서 마우스 오른쪽 버튼을 클릭한 후 [코드 복사 & 붙여넣기]를 클릭합니다.

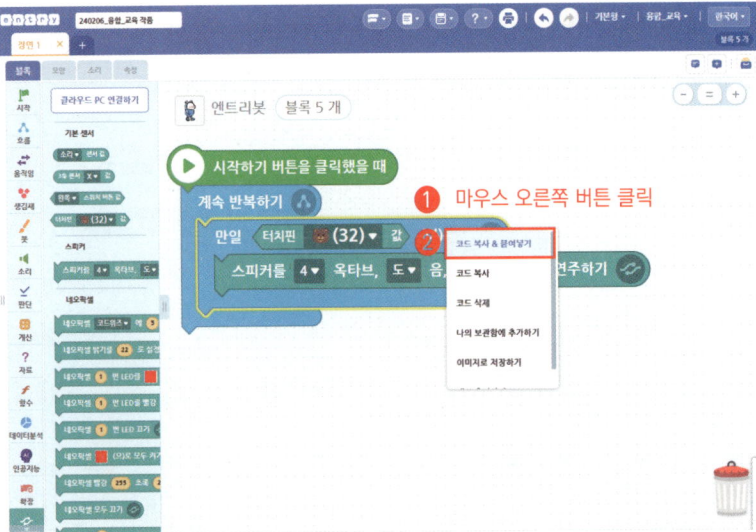

5 복사된 블록을 아래에 연결합니다.

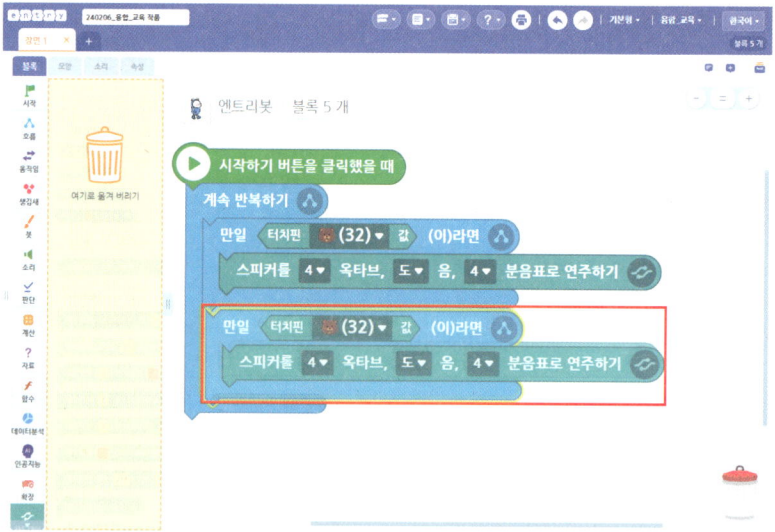

6 같은 과정을 반복해서 총 5개의 [만일 터치핀 (32) 값 (이)라면] 블록 뭉치를 화면처럼 배치합니다.

7 [터치핀 (32) 값] 블록의 ▼을 클릭해 '해(13)'을 선택합니다.

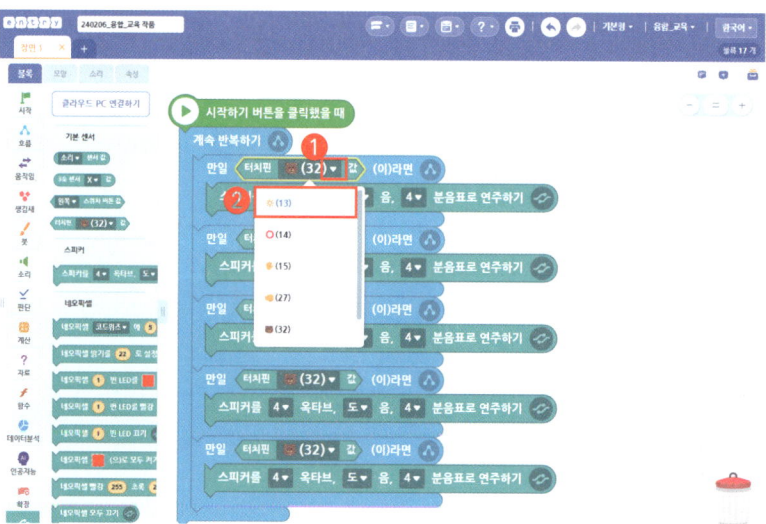

⑧ 나머지 [터치핀 (32) 값] 블록의 ▼을 클릭해 '원(14)', '보자기(15)', '주먹(27)', '곰(32)'이 되도록 지정합니다.

⑨ [스피커를 4옥타브, 도음, 4분음표로 연주하기] 블록의 음계가 '도', '레', '미', '파', '솔'이 되도록 '도'의 ▼을 클릭해 변경합니다.

⑩ ▶시작하기 를 눌러 작성한 코드를 실행합니다. 코드위즈의 터치 센서를 눌러 음을 연주해봅니다.

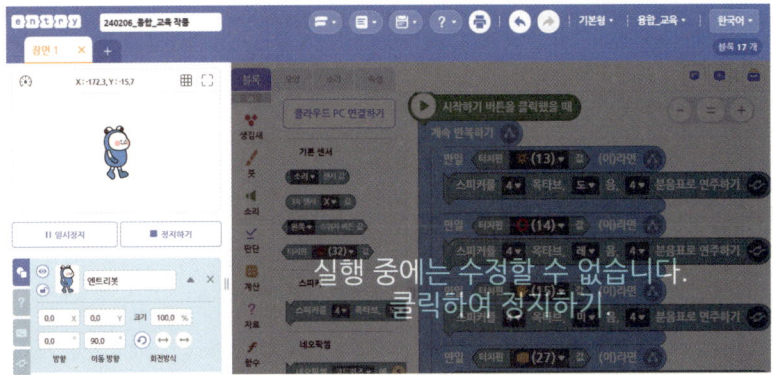

추가활동

◆ 터치 센서와 스피커로 만든 작품으로 나만의 곡을 연주해봅시다.

전체 코드

빈칸 정답

★ 20쪽 정답

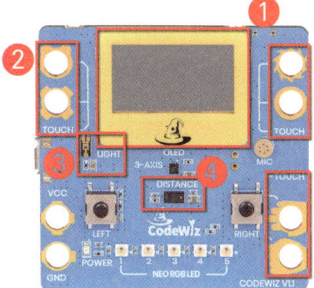

앞면 센서(1)

① (OLED)는 문자, 숫자, 기호와 도형 등을 출력합니다.
② (터치 센서) 6개는 터치 유무를 판단합니다.
③ (빛 센서)는 주변 빛의 밝기를 측정합니다.
④ (거리 센서)는 보드로부터 물체의 거리를 mm단위로 측정합니다.

앞면 센서(2)

⑤ (3축 센서)는 보드의 기울어진 정도를 측정합니다. 또한 보드의 현재 온도도 측정합니다.
⑥ (마이크)는 주변의 소리 크기를 측정합니다.
⑦ (버튼)은 버튼 눌림의 유무를 판단합니다.
⑧ (네오 RGB 엘이디)는 다양한 색과 밝기의 빛을 출력합니다.

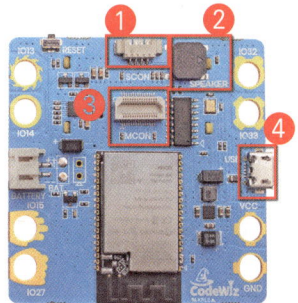

뒷면 센서(1)

① (4핀 커넥터)는 4핀 케이블을 이용하여 외부 센서에 연결합니다.
② (스피커)는 넓은 음역대의 계이름을 출력합니다.
③ (익스텐션 커넥터)는 코드위즈와 확장되는 보드를 연결합니다.
④ (USB 커넥터)는 컴퓨터 혹은 보조 배터리를 연결합니다.

뒷면 센서(2)

⑤ (배터리 커넥터)는 배터리 케이스를 통해 외부 전원을 공급합니다.
⑥ (와이파이/블루투스)는 다양한 무선통신을 통해 코드위즈의 센서를 제어하거나 코드위즈끼리 통신할 수 있게 합니다. 또한 자석의 세기와 극성을 판단하는 홀센서도 함께 있습니다.
⑦ (리셋버튼)은 코드위즈를 초기화 합니다.

★ 26쪽 정답

① (실행화면): 블록을 조립해 만든 작품이 표시되는 부분입니다.
② 작품은 여러 개의 (오브젝트)로 만들어 집니다. [+ 오브젝트 추가하기] 을 눌러서 (오브젝트)를 추가할 수 있어요.
③ (블록꾸러미): 블록을 드래그 해서 오른쪽의 블록 조립소에서 조립합니다. 카테고리마다 다양한 블록이 있어요.
④ (블록 조립소): 블록을 조립하는 곳입니다. 이것은 오브젝트마다 따로 있어요.

03 코드위즈로 AI 번역 가면 만들기

✦ 1차시 학습 목표
버튼과 LED를 알고 순차, 선택, 반복문으로 프로그래밍 할 수 있다.

✦ 2차시 학습 목표
AI 번역 기능으로 프로그래밍하고, 나만의 'AI 번역 가면'을 만들 수 있다.

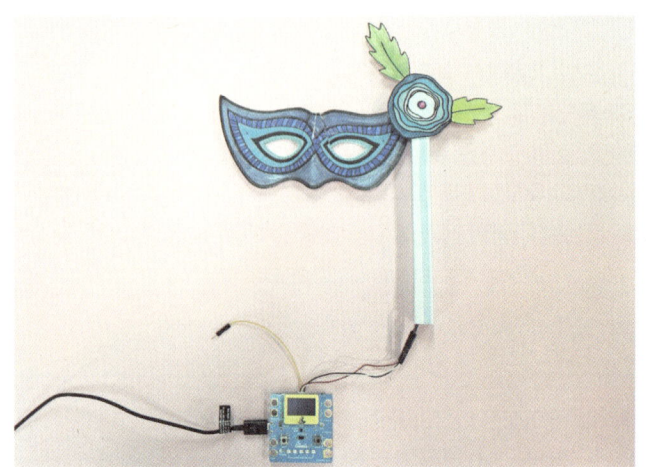
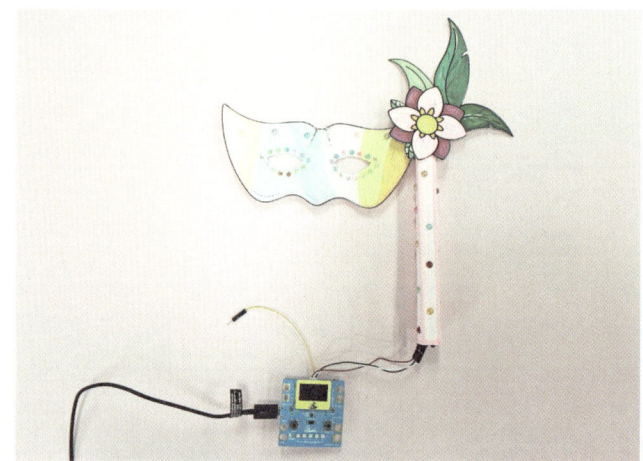

활동
1. 버튼과 LED를 알아보고 연결하기
2. 순차, 선택, 반복문으로 코딩하기
3. AI 번역 기능으로 코딩하기
4. AI 번역 가면을 만들고 축제 열기

《수업자료PPT》

https://bit.ly/3v1OgFT

✦ 준비물
1. 풀, 테이프, 색칠도구
2. 코드위즈, 원형 네오픽셀, 4핀 케이블(수), 듀폰 케이블(암암)
3. AI 메이커 스케치북 도안편
4. PC 또는 노트북

챕터 3. 코드위즈로 AI 번역 가면 만들기

들어가기

- 영상을 보고 아래의 질문에 답해 봅시다.

"베네치아의 가면 축제"

베네치아 카니발은 매년 이탈리아에서 10여 일 동안 열리는 축제로, 이탈리아 최대 축제이자 세계 10대 축제에 속합니다.

베네치아 카니발은 매년 약 300만 명의 방문객과 함께하는 대규모 축제입니다. 베네치아 카니발을 대표하는 행사는 아름다운 가면과 의상 경연 대회입니다. 화려한 가면과 옷을 차려 입고 베네치아 곳곳을 누비는 사람들은 베네치아 카니발 자체를 상징하죠!

QR 코드를 스마트폰으로 찍어보아요!

- 영상 속 축제 이름과 사람들이 축제에서 무엇을 했는지 적어봅시다.

축제 이름 :

사람들의 행동 :

오늘 해결할 문제!

우리 반 친구들도 축제에 참여하고 싶어요!
그런데 사람들이 영어를 써서
대화를 할 수가 없네요 ㅠ.ㅠ

인공지능으로 **번역**을 해주는
AI 번역 가면을 코드위즈로 만들어볼까요?

활동 1   버튼과 LED 알아보고 연결하기

✦ 코드위즈 속 '버튼 센서'를 알아봅시다.

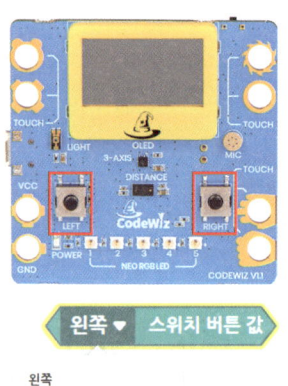

왼쪽
오른쪽

버튼 센서(LEFT / RIGHT)

- 코드위즈에는 왼쪽과 오른쪽에 (   )센서가 부착되어 있어요.

- (   )센서는 보드에 부착된 버튼이 눌렸음을 감지해서 컴퓨터에게 값을 전달합니다.

- (   )센서는 리모컨, 게임기, 각종 전자기기 등 우리 생활 속에서 다양하게 사용되고 있어요!

✦ 코드위즈에 연결하는 '네오픽셀'을 알아봅시다.

TIP
네오픽셀은 코딩을 시작할 때 꼭 갯수를 설정해야해요~ 원형은 12개!

네오픽셀

- (   )은 한 가지 색만 가지고 있는 일반 LED와는 달리 다채롭게 색을 발광할 수 있는 LED의 한 종류입니다.

- 빛의 색, 밝기, 켜고 끄는 순서까지 제어가 가능하며 주로 인테리어나 조형물에 이용됩니다.

- 원형 (   )은 (   ) 여러 개가 원형으로 나열된 형태입니다.

✦ 코드위즈에 연결하는 '네오픽셀'을 알아봅시다.

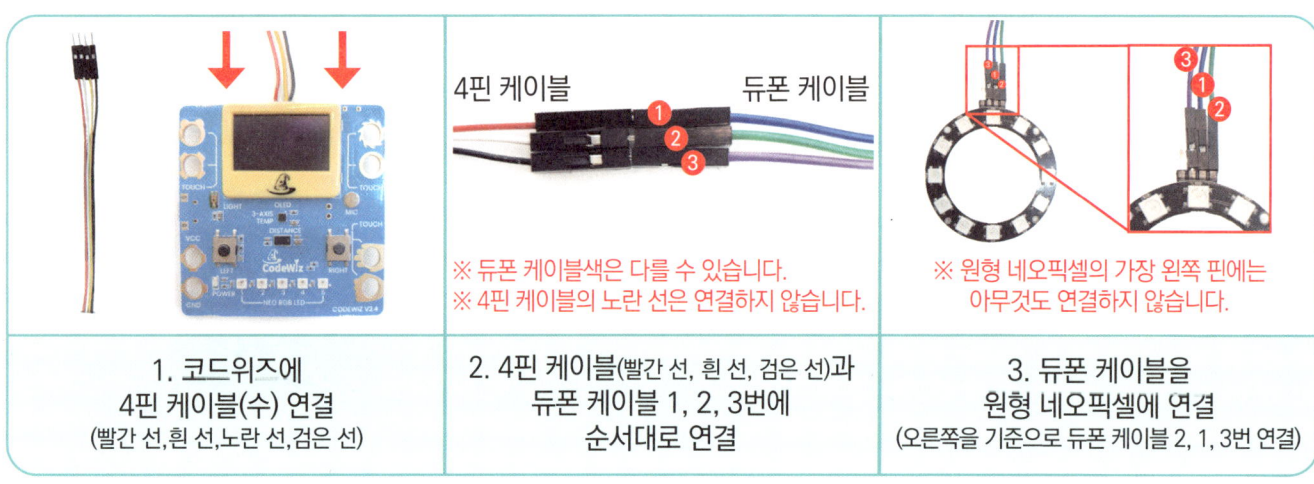

※ 듀폰 케이블색은 다를 수 있습니다.
※ 4핀 케이블의 노란 선은 연결하지 않습니다.

※ 원형 네오픽셀의 가장 왼쪽 핀에는 아무것도 연결하지 않습니다.

1. 코드위즈에 4핀 케이블(수) 연결
(빨간 선, 흰 선, 노란 선, 검은 선)

2. 4핀 케이블(빨간 선, 흰 선, 검은 선)과 듀폰 케이블 1, 2, 3번에 순서대로 연결

3. 듀폰 케이블을 원형 네오픽셀에 연결
(오른쪽을 기준으로 듀폰 케이블 2, 1, 3번 연결)

활동 2 | 순차, 선택, 반복문으로 코딩하기

⭐ 순차 구조란 무엇인지 알아봅시다.

- 왼쪽 프로그램을 실행하면, '위에서 아래' 순으로 차례차례 실행됩니다.

- 이렇듯 문제 해결을 위해 순서대로 명령을 수행하는 것을 (　　　) 구조 라고 합니다.

- (　　　) 구조로 인해 우리는 프로그래밍에서 잘못된 부분이 있을 경우, 이를 쉽게 찾을 수 있습니다.

⭐ 순차 구조로 네오픽셀이 깜빡이게 코딩해봅시다.

① {시작}에서 [시작하기 버튼을 클릭했을 때] 블록과 {하드웨어}에서 [네오픽셀 코드위즈에 5개로 시작설정] 블록을 가져와 연결합니다. '코드위즈'의 ▼을 클릭한 후 '18'을 선택합니다. '12'를 입력합니다.

> **TIP**
> **네오픽셀 사용 시 주의 사항**
> 네오픽셀을 사용할 때에는 입력 핀 번호와 네오픽셀 갯수를 꼭 설정해야 합니다!
> • 코드위즈 보드 속 네오픽셀→ 5개
> • 원형 네오픽셀→ 12개

② 밝기를 지정하기 위해 {하드웨어}에서 [네오픽셀 밝기를 22로 설정] 블록을 가져와 아래에 연결합니다. '200' 또는 원하는 밝기로 수치를 수정합니다.

③ 무작위 색으로 원형 네오픽셀을 켜기 위해 {하드웨어}에서 [네오픽셀 무작위 색으로 채우기] 블록을 가져와 [설정] 블록 아래에 연결합니다. 다른 색을 설정해도 됩니다.

④ 원형 네오픽셀이 켜진 후 0.1초 뒤에 모두 꺼지도록 {흐름}과 {하드웨어}에서 [2초 기다리기], [네오픽셀 모두 끄기] 블록을 가져와 [채우기] 블록 아래에 연결한 후 '0.1'을 입력합니다.

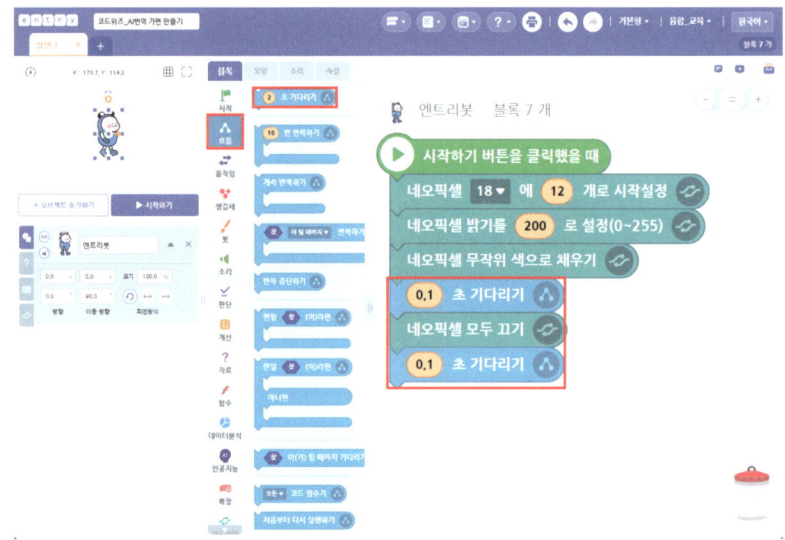

⑤ [네오픽셀 무작위 색으로 채우기] 블록에서 마우스 오른쪽 버튼을 클릭한 후 [코드 복사&붙여넣기]를 클릭합니다.

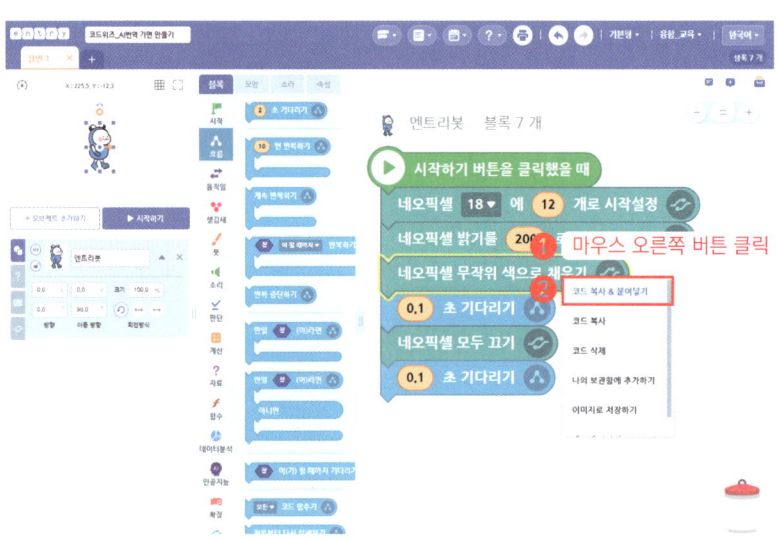

❻ 복사한 블록을 [0.1초 기다리기] 블록 아래에 붙여 넣습니다.

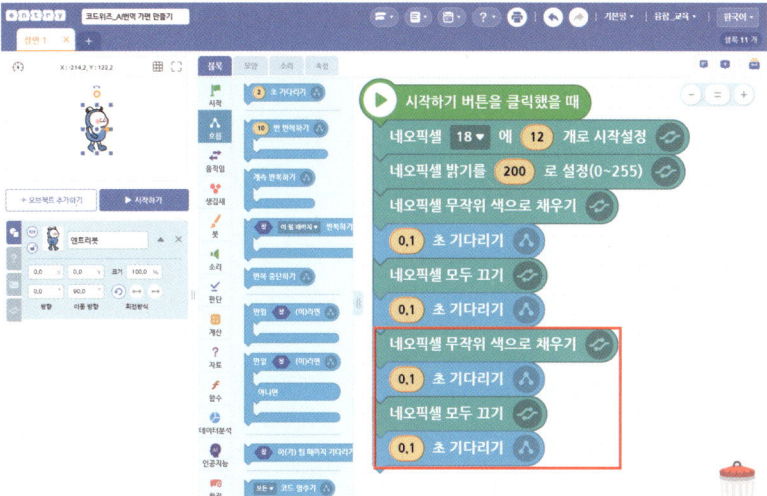

❼ ▶시작하기 버튼을 눌러 원형 네오픽셀이 무작위 색으로 2번 깜빡 거리는지 확인합니다.

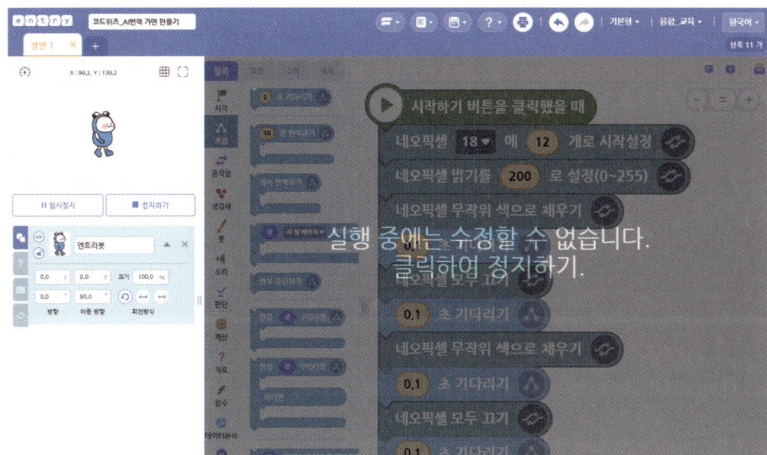

TIP
네오픽셀이 켜지지 않나요?
케이블 연결 상태를 다시 한 번 확인한 후 실행해봅니다.

⭐ 반복 구조란 무엇인지 알아봅시다.

위 처럼, 같은 동작을 여러 번 하는 명령어가 동일하게 반복되는 경우에는, 명령어를 묶어서 실행하는데 이를 (　　) 구조라고 합니다.
[~번 반복하기 명령어] 블록을 활용하여 (　　) 구조로 나타내면 더 효율적인 코딩을 할 수 있습니다.

● **반복 구조로 네오픽셀이 계속 깜빡이게 코딩해봅시다.**

① 밑에서 4번째에 위치한 [네오픽셀 무작위 색으로 채우기] 블록을 휴지통으로 드래그하여 삭제합니다.

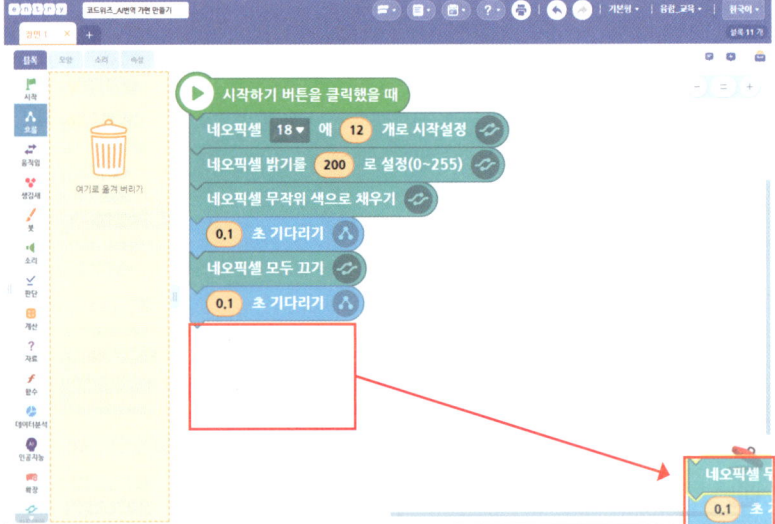

② 무작위 색으로 원형 네오픽셀이 계속 깜빡이도록 {흐름}에서 [계속 반복하기] 블록을 가져와 [설정] 블록 아래에 끼워 넣습니다.

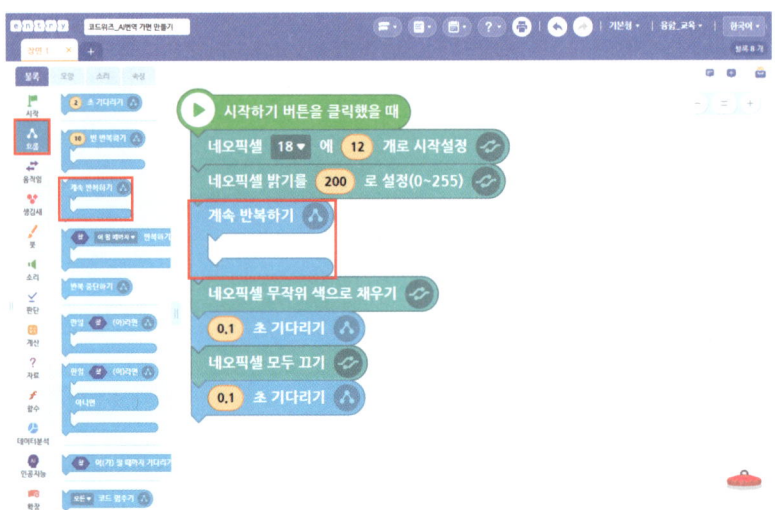

③ [계속 반복하기] 블록 아래에 코딩되어 있는 한번 깜빡이는 코드를 [계속 반복하기] 블록에 끼워 넣습니다.

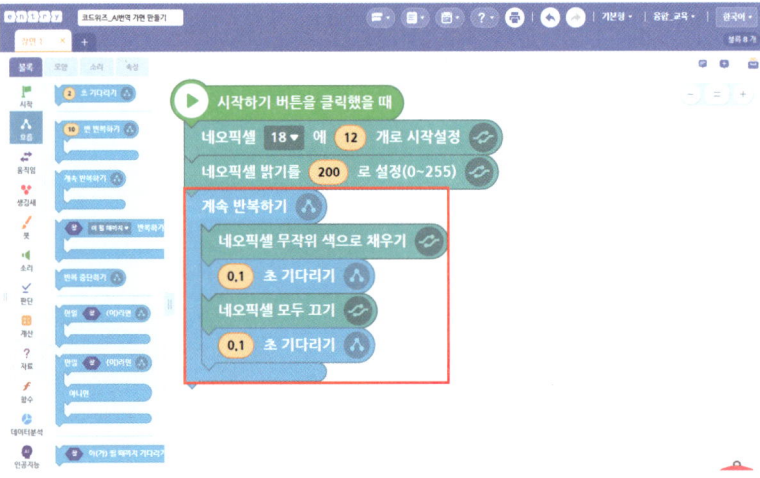

챕터 3. 코드위즈로 AI 번역 가면 만들기

④ ▶시작하기 를 눌러 원형 네오픽셀이 무작위 색으로 계속 반복해서 깜빡거리는지 확인합니다.

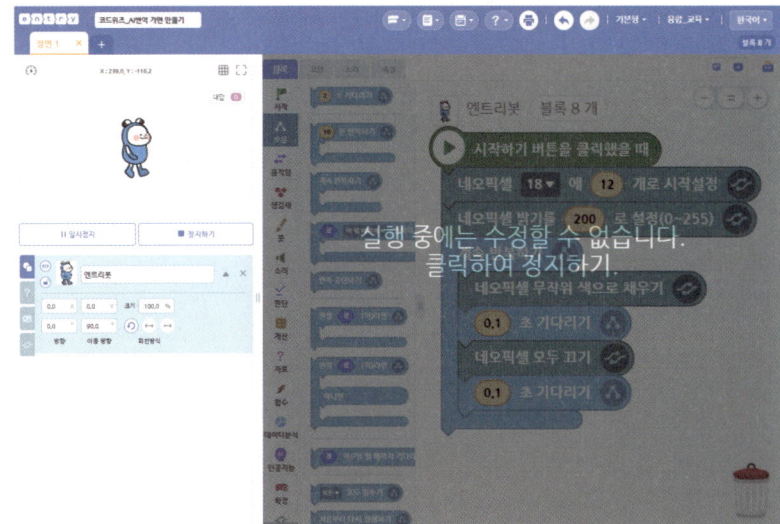

● 선택 구조란 무엇인지 알아봅시다.

- 왼쪽 프로그램은, '대답'이 학생일 경우와, 학생이 아닌 경우에 따라 출력 결과가 두 가지로 나뉘게 됩니다.

- 이렇듯, 주어진 조건을 만족하는지 만족하지 않는지(참, 거짓)에 따라 프로그램의 실행이 나뉘는 것을 '조건(   )'이라고 합니다.

● 선택 구조를 활용해 원형 네오픽셀을 스위치로 작동하게 코딩해봅시다.

① [계속 반복하기] 블록 내부의 블록을 휴지통으로 드래그하여 삭제합니다.

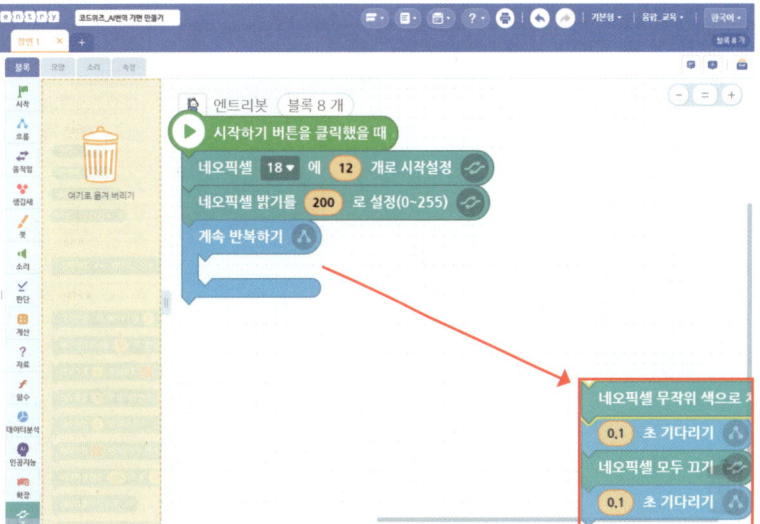

41

❷ 코드위즈의 왼쪽 버튼을 누르면 네오픽셀이 무작위 색으로 켜지도록 {흐름}에서 [만일 〈참〉 (이)라면] 블록을 가져와 [계속 반복하기] 블록 내부에 끼워 넣습니다.

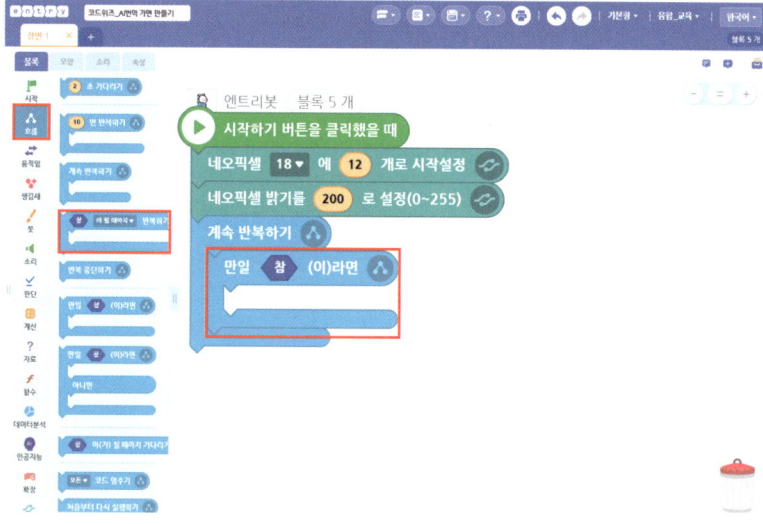

❸ {하드웨어}에서 [왼쪽 스위치 버튼 값] 블록을 가져와 〈참〉에 끼워 넣습니다.

❹ 코드위즈의 왼쪽 버튼을 누르면 네오픽셀을 무작위 색으로 켜도록 {하드웨어}에서 [네오픽셀 무작위 색으로 채우기] 블록을 가져와 [(이)라면] 블록 내부에 끼워 넣습니다.

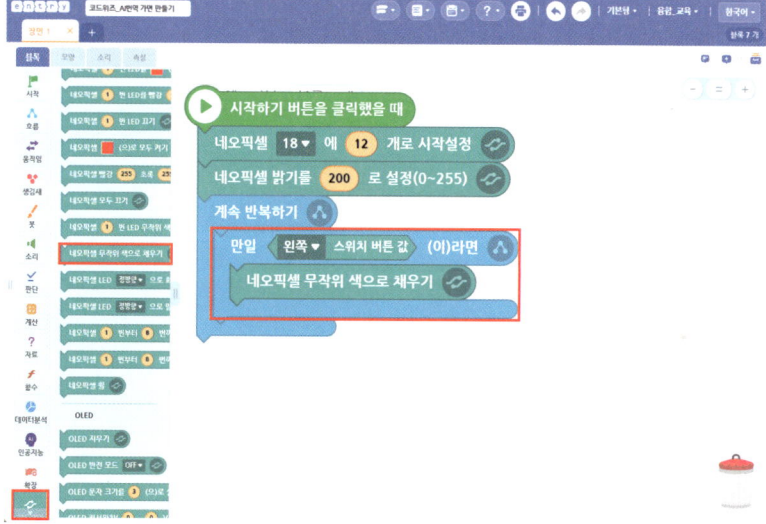

챕터 3. 코드위즈로 AI 번역 가면 만들기

❺ [만일 왼쪽 스위치 버튼 값 (이)라면] 블록에서 마우스 오른쪽 버튼을 클릭합니다. [코드 복사&붙여넣기]를 클릭합니다.

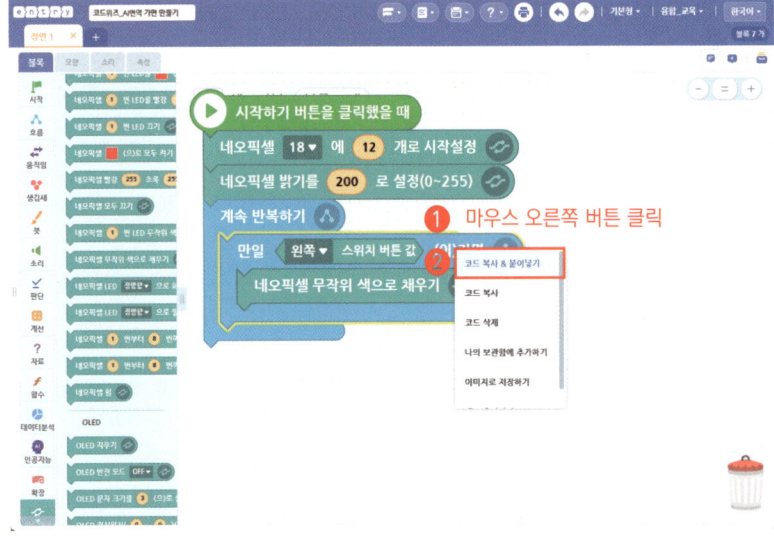

❻ 복사된 블록을 [(이)라면] 아래에 연결합니다.

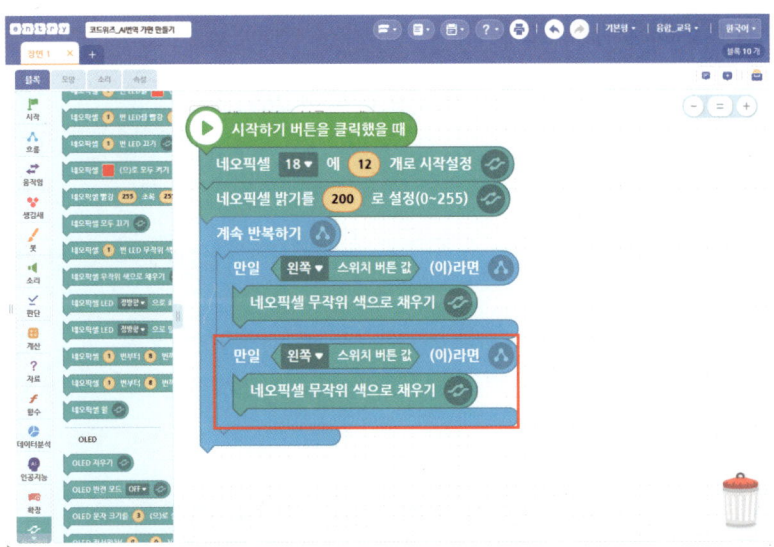

❼ 오른쪽 버튼을 누르면 네오픽셀이 꺼지도록 '왼쪽'의 ▼을 클릭한 후 '오른쪽'을 선택합니다.

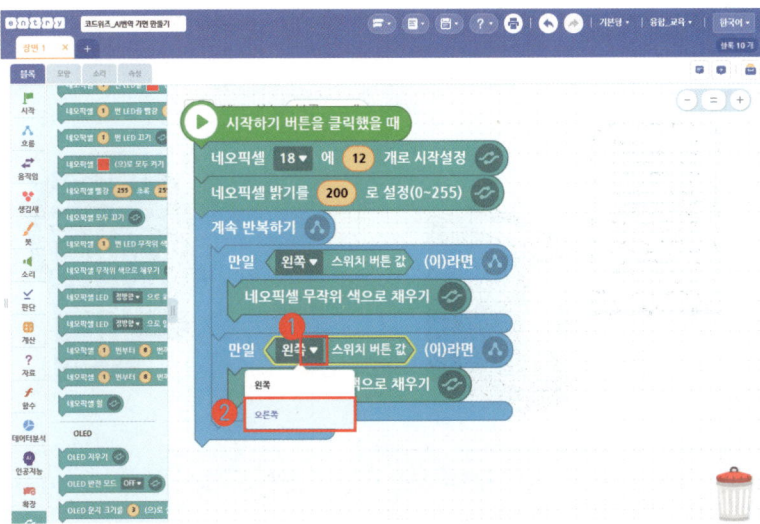

⑧ [만일 오른쪽 스위치 버튼 값 (이)라면] 블록의 [네오픽셀 무작위 색으로 채우기] 블록을 삭제합니다. {하드웨어}의 [네오픽셀 모두 끄기] 블록을 [(이)라면] 블록 내부에 끼워 넣습니다.

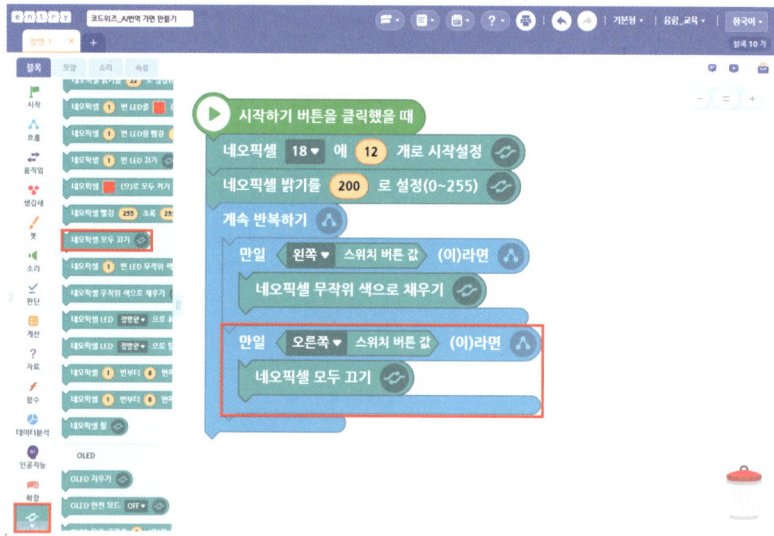

⑨ ▶시작하기 를 누릅니다. 코드위즈의 왼쪽 버튼을 누르면 원형 네오픽셀이 켜지고 오른쪽 버튼을 누르면 꺼지는지 확인합니다.

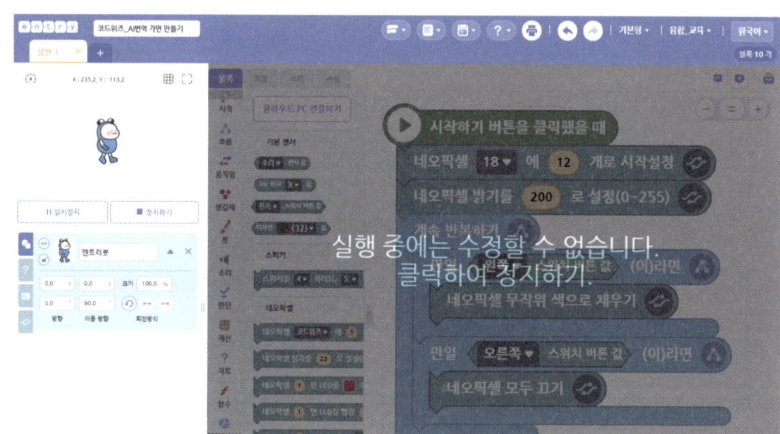

활동3 AI 번역 기능으로 코딩하기

★ 인공지능은 어떻게 번역을 할 수 있는 걸까요?

언어 (　　　)를 보여주면

인공지능이 (　　　)를 하고

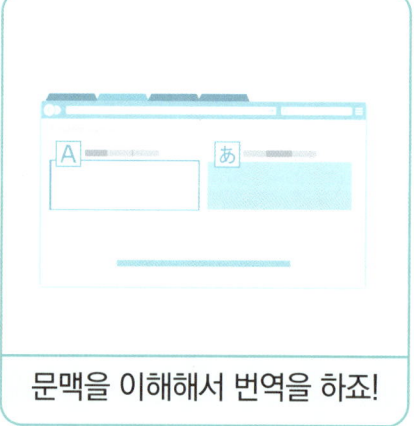

문맥을 이해해서 번역을 하죠!

챕터 3. 코드위즈로 AI 번역 가면 만들기

⭐ 엔트리 속 '번역'과 '읽어주기' 기능을 알아봅시다.

번역
- 엔트리에는 '파파고'를 이용해서 다른 언어로 (   ) 할 수 있는 블록 모음이 있어요.

읽어주기
- 엔트리 속 (   ) 기능은 nVoice 기술로 다양한 목소리로 문장을 읽을 수 있어요.

⭐ 인공지능 블록으로 번역 기능을 추가해봅시다.

① {인공지능}에서 [인공지능 블록 불러오기]를 클릭합니다.

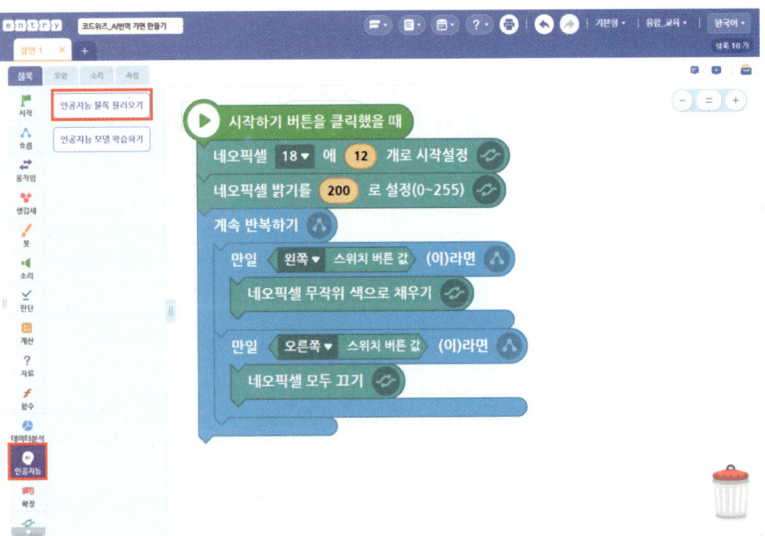

② [번역]과 [읽어주기]를 클릭한 후 [불러오기]를 클릭합니다.

45

❸ 기존 코드를 한 켠에 밀어둔 후 {시작}에서 [q 키를 눌렀을 때] 블록을 가져옵니다. ▼을 눌러 '스페이스'를 선택합니다.

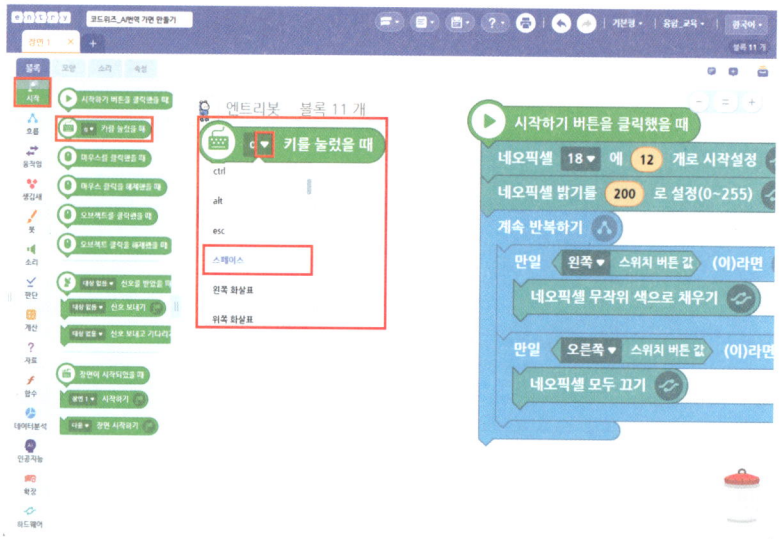

❹ 목소리를 설정하기 위해 {인공지능}에서 [여성 목소리를 보통 속도 보통 음높이로 설정하기] 블록을 가져와 연결합니다. 원하는 목소리, 속도, 음높이가 있다면 바꿔도 됩니다.

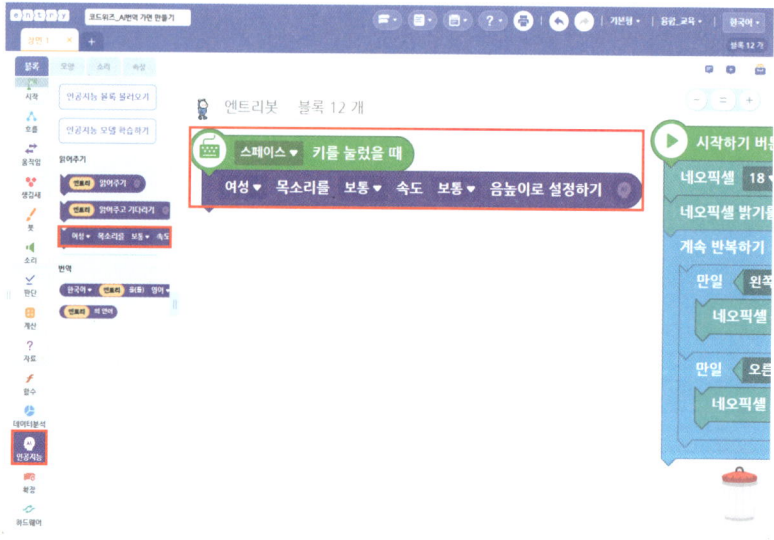

❺ {인공지능}에서 [엔트리 읽어주고 기다리기] 블록과 [엔트리 읽어주기] 블록을 가져와 [설정하기] 블록 아래에 연결합니다. '한국어를 영어로 번역할 수 있습니다.' 와 '어떤 말을 번역하시겠어요?'를 입력합니다.

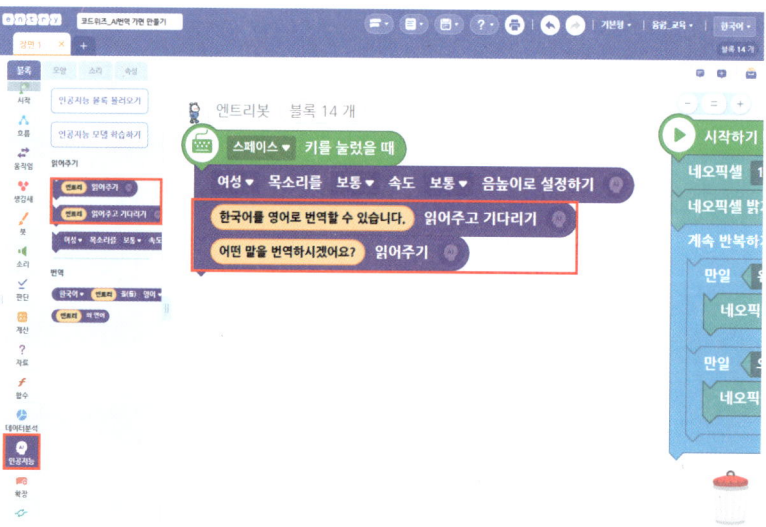

챕터 3. 코드위즈로 AI 번역 가면 만들기

➏ 번역하고자 하는 말을 입력받기 위해 {자료}에서 [안녕! 을(를) 묻고 대답 기다리기] 블록을 가져와 아래에 연결합니다. '어떤 말을 번역하시겠어요?'를 입력합니다.

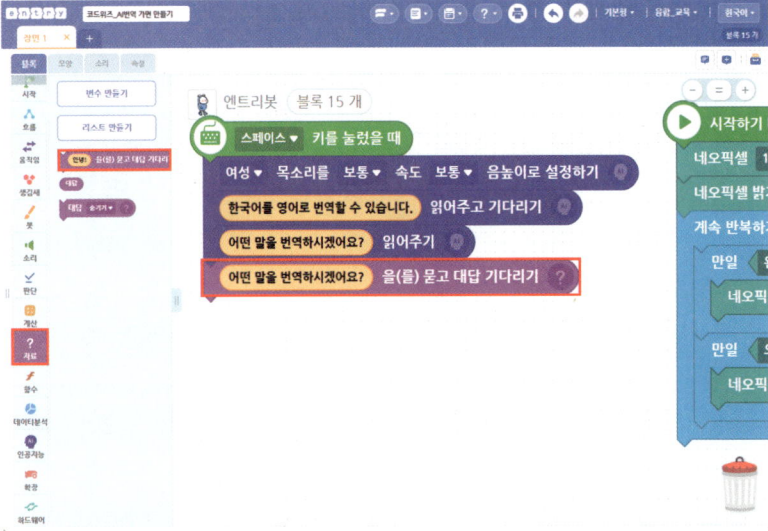

➐ 입력된 말을 번역해서 읽어주도록 {인공지능}에서 [엔트리 읽어주고 기다리기] 블록을 가져와 아래에 연결합니다. {인공지능}에서 [한국어 엔트리 을(를) 영어(으)로 번역한 값] 블록을 가져와 '엔트리' 입력란에 끼워 넣습니다.

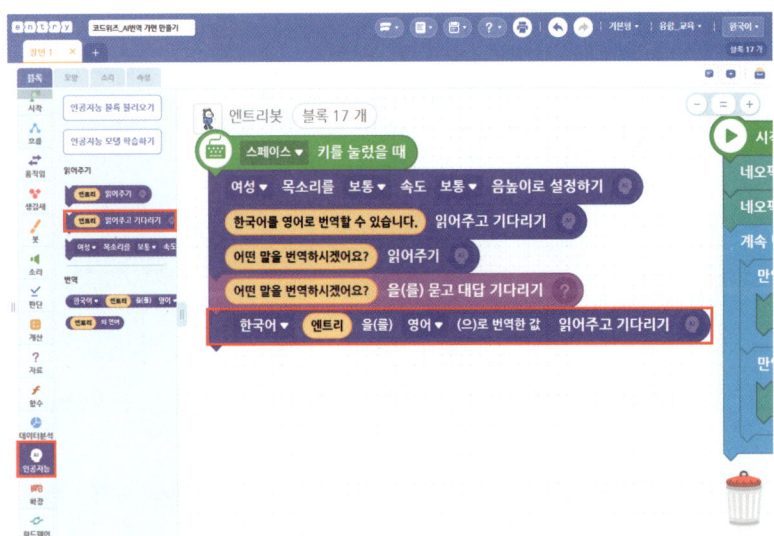

➑ {자료}에서 [대답] 블록을 가져와 '엔트리' 입력란에 끼워 넣습니다.

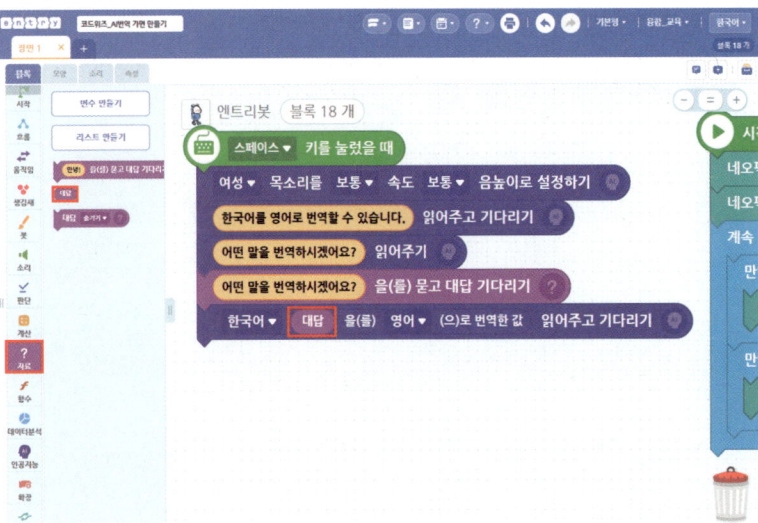

⑨ 음성으로 읽어주는 것 뿐만 아니라 실행 화면에 말풍선으로 말하도록 {생김새}에서 [안녕! 을(를) 말하기] 블록을 가져와 아래에 연결합니다.

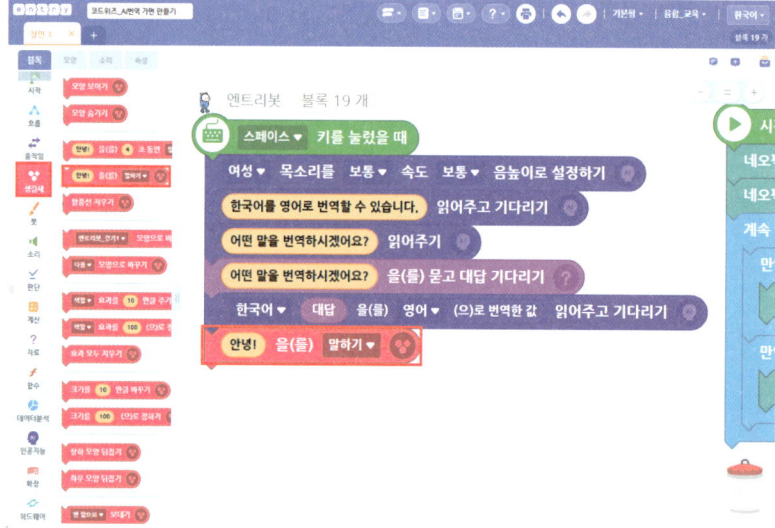

⑩ [한국어 대답을(를) 영어(으)로 번역한 값] 블록에서 마우스 오른쪽 버튼을 클릭합니다. [코드 복사&붙여넣기]를 클릭합니다.

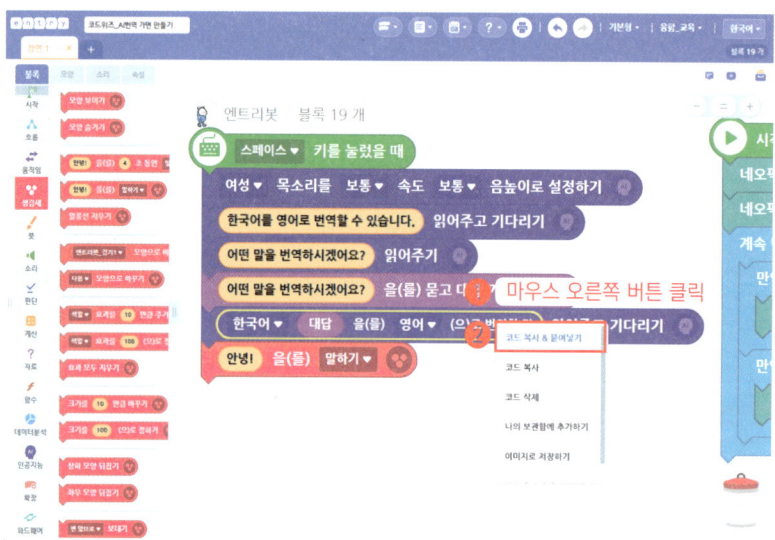

⑪ 복사된 블록을 '안녕!' 입력란에 끼워 넣습니다. 결과를 확인하기 위해 ▶시작하기 를 클릭하여 실행합니다.

챕터 3. 코드위즈로 AI 번역 가면 만들기

⑫ `Space` 를 누릅니다. 실행화면에 번역을 원하는 한국어를 입력하고 ✔을 클릭합니다.

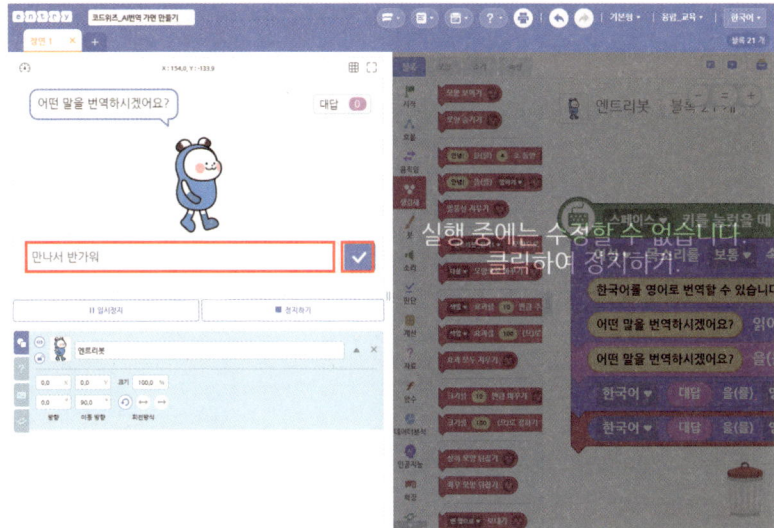

⑬ 영어로 번역된 말이 AI 목소리로 출력된 후 말풍선으로 실행화면에 표시되는 것을 확인할 수 있습니다.

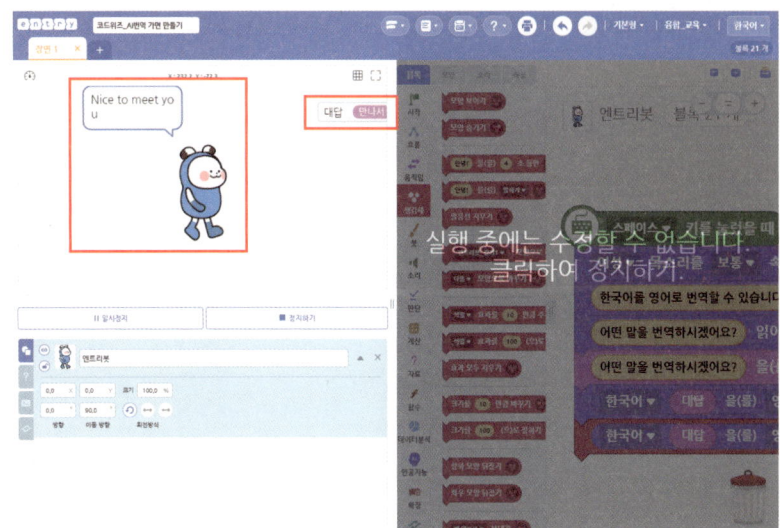

더 알아보기

영어로 번역된 말이 AI 목소리로 출력되면서 동시에 말풍선으로 실행화면에 표시되도록 하려면 `엔트리 읽어주고 기다리기` 블록 대신 `엔트리 읽어주기` 블록으로 코드를 수정합니다.

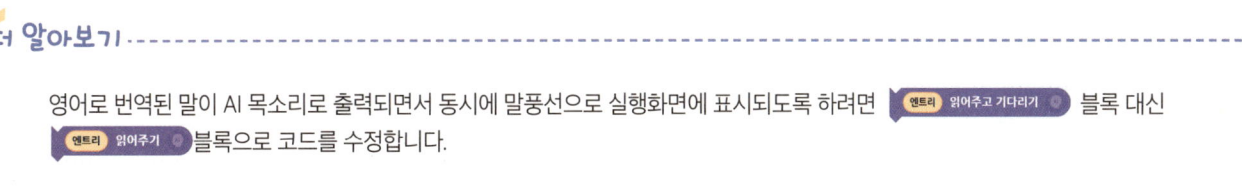

49

활동4　　**AI 번역 가면을 만들고 축제 열기**

🔹 영상을 보고 AI 메이커 스케치북과 코드위즈로 AI 번역 가면을 만들어봅시다.

QR 코드를 스마트폰으로 찍어보아요!

🔹 우리 반의 가면 축제를 계획하고 개최해봅시다.

우리 반 축제 이름 :

행사 내용 :

예) 가면 패션쇼, 가면 전시회, 복면가왕 등

추가활동

🔹 한국어를 입력했을 때에 프랑스어로 번역 되도록 코드를 수정해봅시다.

전체 코드

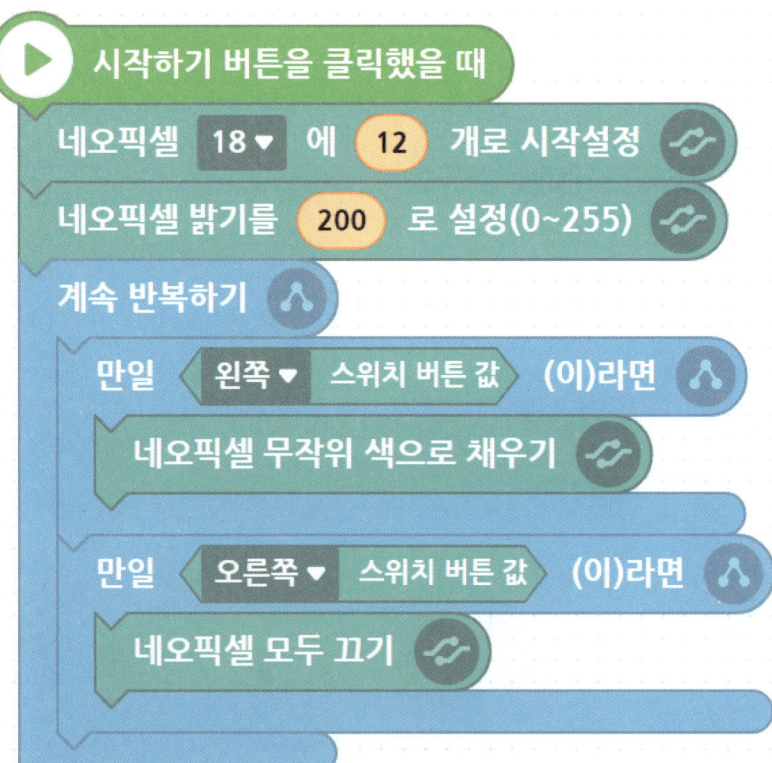

04 코드위즈로 빛 차단 보관함 만들기

◆ 1차시 학습 목표
빛 센서와 180도 서보모터를 활용하여 빛 차단 보관함을 코딩할 수 있다.

◆ 2차시 학습 목표
AI 손 인식 기능을 적용하고, '빛 차단 보관함'을 만들 수 있다.

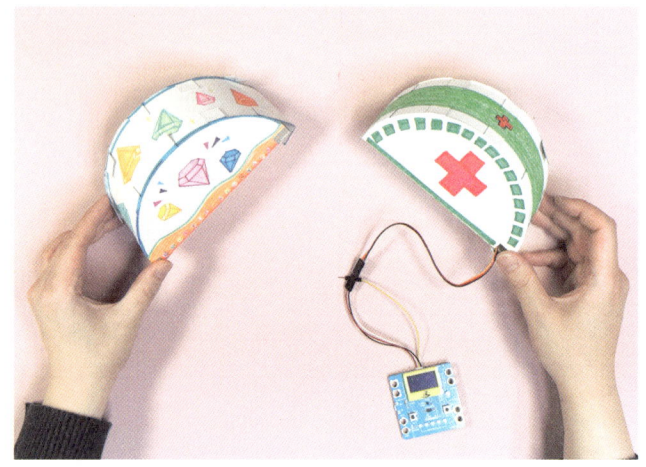

활동
1. 빛 센서와 180도 서보모터 알아보고 연결하기
2. 빛 차단 보관함 코딩하기
3. AI 손 인식 기능 적용하기
4. 빛 차단 보관함 활용하기

〈수업자료PPT〉

https://bit.ly/48WDONW

◆ 준비물
1. 풀, 테이프, 색칠도구
2. 코드위즈, 180도 서보모터, 4핀 케이블(수)
3. AI 메이커 스케치북 도안편
4. 카메라가 되는 PC 혹은 노트북

챕터4. 코드위즈로 빛 차단 보관함 만들기

들어가기

- 영상을 보고 아래의 질문에 답해 봅시다.

"약 보관 방법"

집에서 생긴 가벼운 병에 대비하기 위해 의사의 처방 없이 구입 가능한 약을 '가정 상비약' 이라고 합니다.
약을 냉장고에 넣어 보관해도 될까요?
약을 올바르게 보관하는 방법에 대해 알아봅시다.

QR 코드를 스마트폰으로 찍어보아요!

- 약을 보관하는 올바른 장소의 조건에 대해 적어봅시다.

약을 보관하는 올바른 장소:
....
....

오늘 해결할 문제!

눈이 간지러워 안약을 처방받아 왔어요.
그런데 약병에 **차광보관**이라고 되어 있네요.
**빛을 받으면 자동으로 뚜껑을 덮어주고
손 인식**으로 간편하게 열 수 있는
빛 차단 보관함을 코드위즈로
만들어볼까요?

TIP
차광보관이란?
직사광선(햇빛)을 피해서 보관하라는 뜻입니다.

활동 1 빛 센서와 180도 서보모터 알아보고 연결하기

● 코드위즈 속 '빛 센서'를 알아봅시다.

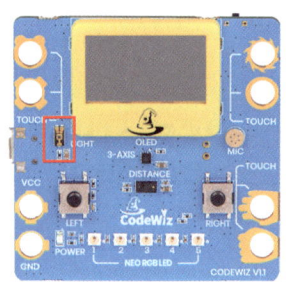

빛 센서

- 코드위즈에는 (　　　) 센서가 부착되어 있어요.
- (　　　) 센서는 주변의 빛의 밝기를 (　) ~ (　)까지의 값으로 컴퓨터에게 전달합니다.
- (　　　) 센서는 조명, 간판, 스마트폰 화면 등 우리 생활 속에서 다양하게 사용되고 있어요!

● 코드위즈에 연결하는 '180도 서보모터'를 알아봅시다.

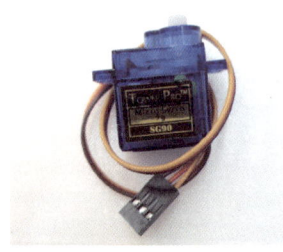

180도 서보모터

- (　　　)는 명령에 의해 동작을 제어할 수 있는 모터를 뜻합니다.
- (　　　　　)는 (　)도~(　)도까지 각도를 지정하여 조작이 가능합니다.
- 한쪽 방향으로 연속 회전이 가능한 360도 서보모터에 비해 정교한 조작이 필요한 곳에 사용됩니다.

● 코드위즈에 '180도 서보모터'를 연결해봅시다.

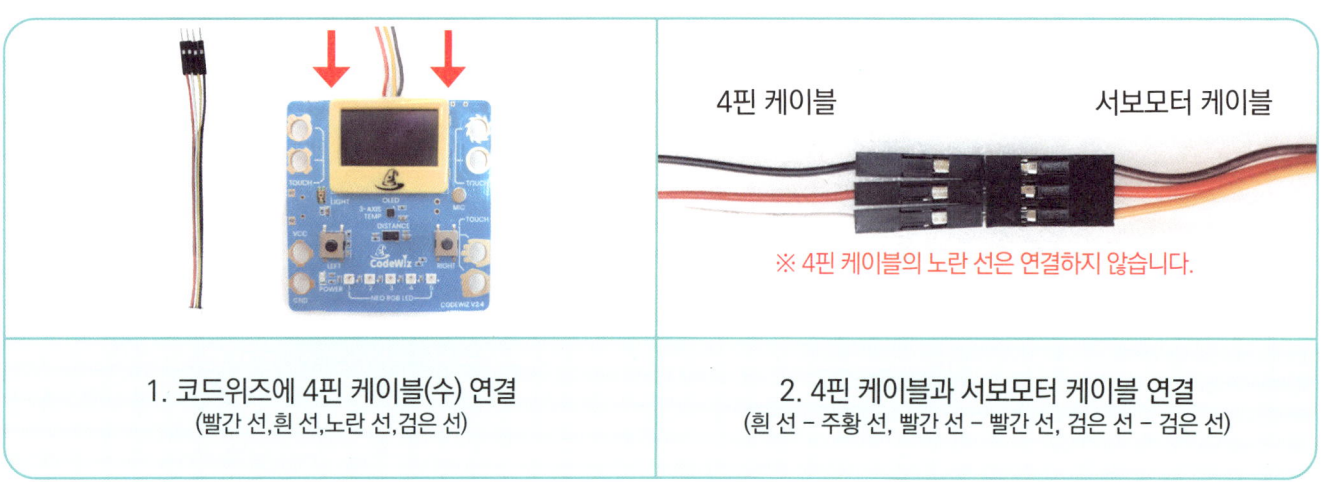

| 1. 코드위즈에 4핀 케이블(수) 연결
(빨간 선, 흰 선, 노란 선, 검은 선) | 2. 4핀 케이블과 서보모터 케이블 연결
(흰 선 - 주황 선, 빨간 선 - 빨간 선, 검은 선 - 검은 선) |

※ 4핀 케이블의 노란 선은 연결하지 않습니다.

챕터4. 코드위즈로 빛 차단 보관함 만들기

활동 2 | 빛 차단 보관함 코딩하기

⭐ **빛 차단 보관함을 코딩해봅시다.**

① {시작}의 [시작하기 버튼을 클릭했을 때] 블록과 {하드웨어}의 [서보모터(SCON) 각도를 0(으)로 바꾸기] 블록을 가져와 연결합니다.

> **TIP — 서보모터 사용시 주의 사항**
> 180도 서보모터를 사용할 때 첫 각도를 0도로 미리 설정하고 코딩을 시작하는 것이 좋아요!

② {흐름}의 [만일 〈참〉 (이)라면~ 아니면] 블록을 아래에 연결합니다.

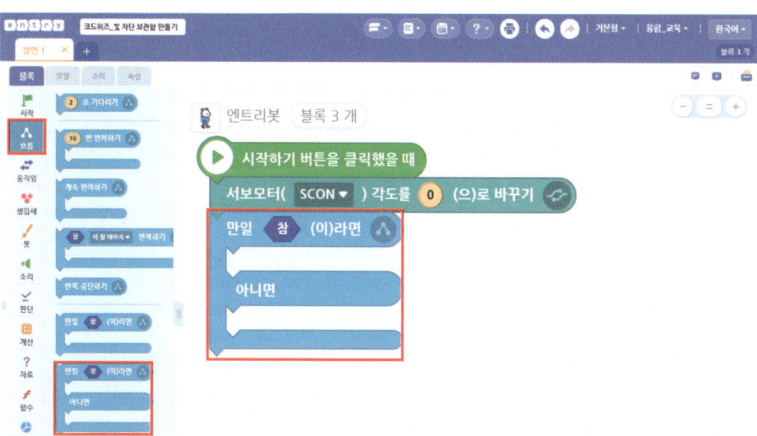

③ 교실 밝기를 비교하기 위해 {판단}에서 [10>10] 블록을 가져와 〈참〉에 끼워 넣고 오른쪽에 '200'을 입력합니다. 교실 환경에 맞게 다른 값을 설정해도 됩니다.

> **TIP — 판단값 설정시 주의 사항**
> 우리 교실의 조명을 켰을 때의 밝기 값을 먼저 확인해 보고 그에 맞게 판단값을 조정하세요! 예시에서 '200'에 해당하는 숫자가 밝기를 판단하는 기준입니다.

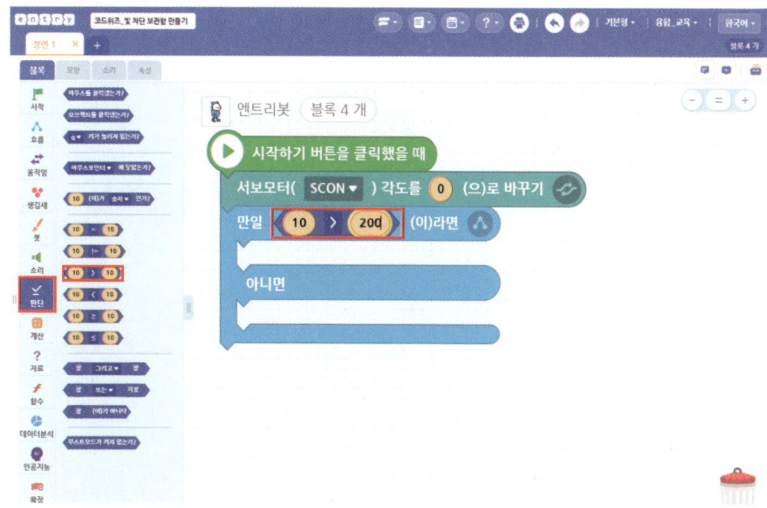

4. {하드웨어}의 [소리 센서 값] 블록을 [10〉200] 블록의 왼쪽에 끼워 넣고 ▼을 눌러 '빛'을 선택합니다.

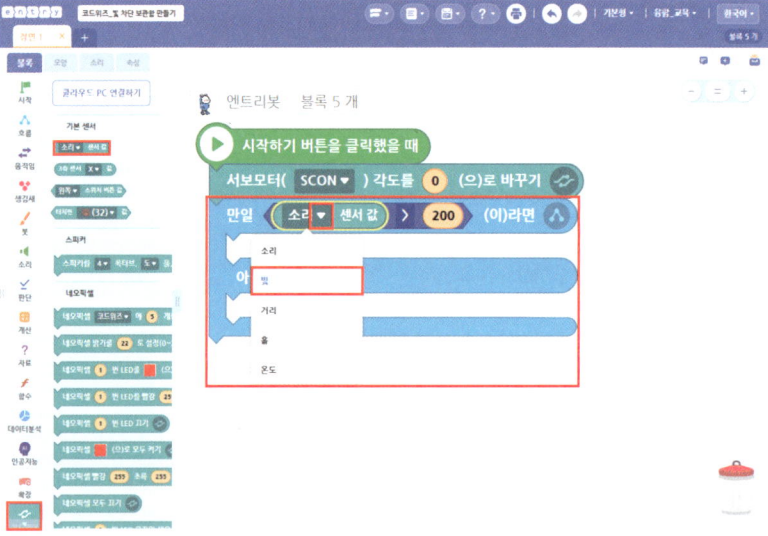

5. {하드웨어}의 [서보모터(SCON) 각도를 0(으)로 바꾸기]를 가져와 [~(이)라면]에 끼워 넣고 각도 값을 '90'으로 지정합니다.

6. 각도를 지정한 후 잠시 기다리도록 [흐름]의 [2초 기다리기] 블록을 끼워 넣고 '1'을 입력합니다.

56

챕터4. 코드위즈로 빛 차단 보관함 만들기

❼ {하드웨어}에서 [서보모터(SCON) 각도를 0(으)로 바꾸기] 블록을 가져와 [아니면] 아래에 끼워 넣습니다.

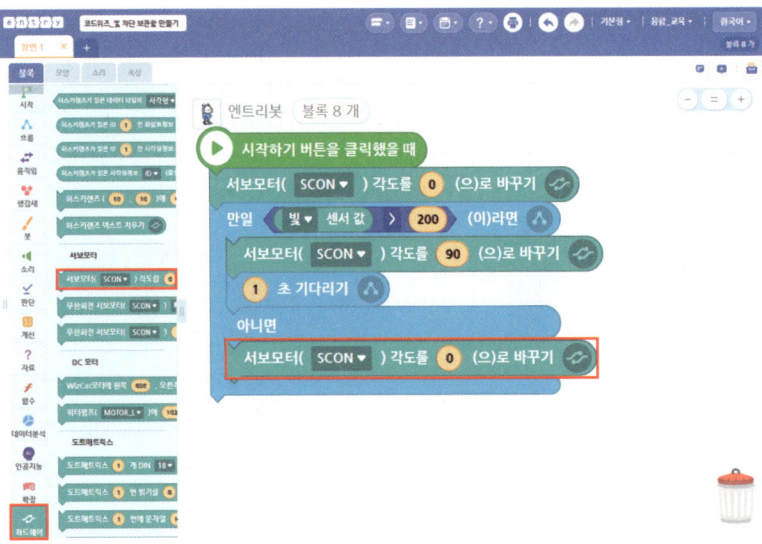

❽ 각도를 0으로 바꾼 후 잠시 기다리도록 [흐름]의 [2초 기다리기] 블록을 끼워 넣고 '1'을 입력합니다.

❾ 빛 센서를 손으로 가린 후 ▶시작하기 를 클릭해봅니다. 다시 빛 센서에서 손을 뗀 후 ▶시작하기 를 클릭해서 서보모터가 작동하는지 확인합니다.

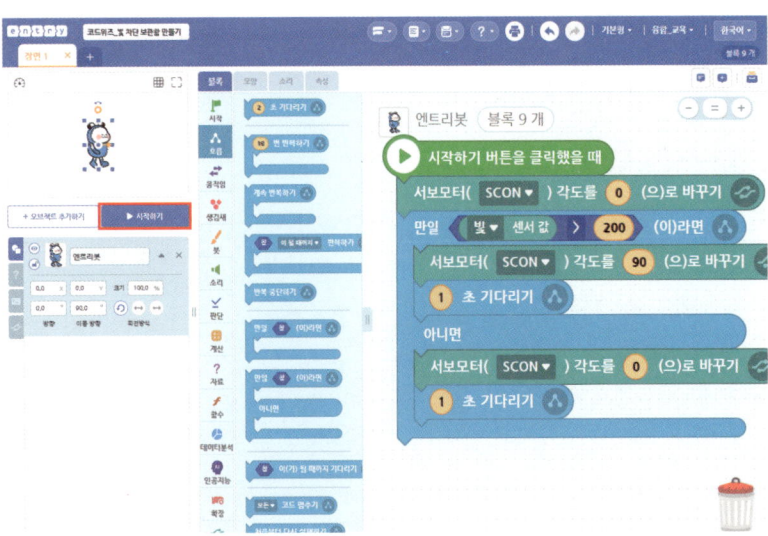

TIP
서보모터가 작동하지 않나요?
빛 센서의 상태 및 케이블 연결 상태를 다시 한 번 확인한 후 실행해 봅니다.

57

● **변수란 무엇인지 알아봅시다.**

변수

- ( )는 변할 수 있는 값을 저장하는 공간입니다.

- ( )를 활용하면 어떤 프로그램이 실행되는 동안 입력되는 정보를 저장하고, 필요에 따라 그 데이터를 바꿀 수도 있어요.

- ( )를 통해 변할 수 있는 값을 활용하여 효과적으로 프로그래밍을 할 수 있습니다.

● **변수를 활용해 밝기를 표시해 봅시다.**

① {자료}에서 [변수 만들기] 를 클릭합니다.

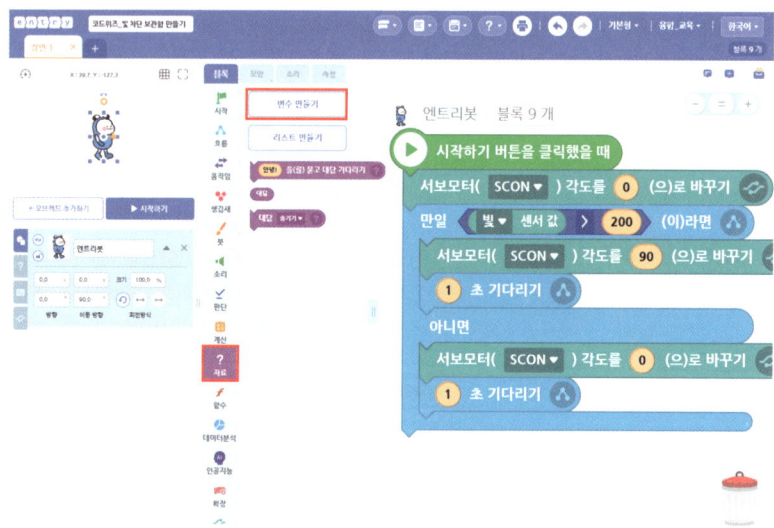

② [변수 이름]에 '밝기'를 입력하고 [변수 추가] 를 클릭합니다.

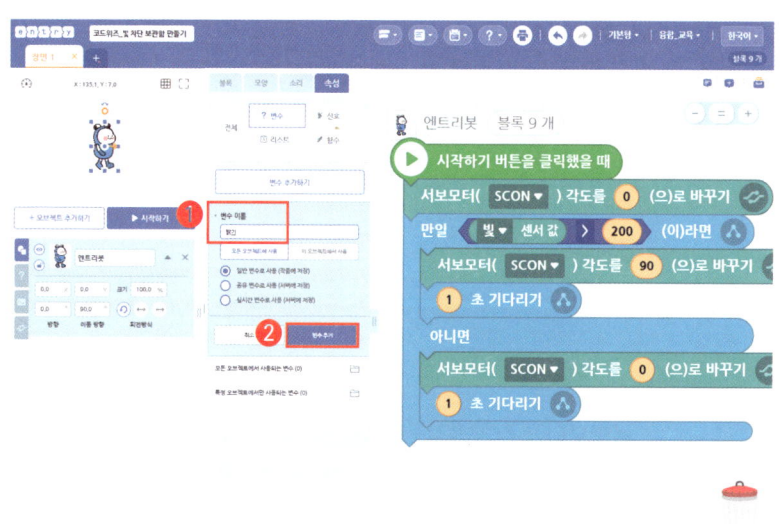

③ [블록] 탭을 클릭한 후 {흐름}의 [계속 반복하기]를 가져와 [서보모터(SCON) 각도를 0(으)로 바꾸기] 블록 아래에 끼워 넣습니다. 서보모터를 제어하는 [만일 빛 센서 값 > 200 (이)라면] 블록을 [계속 반복하기] 에 끼워 넣습니다.

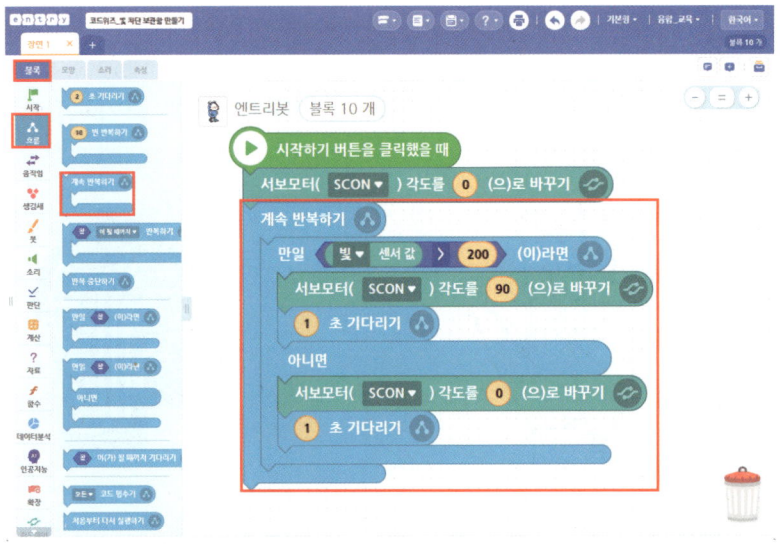

④ {자료}의 [밝기를 10(으)로 정하기] 블록을 [만일 빛 센서 값 > 200 이라면] 블록 위에 끼워 넣습니다. {하드웨어}의 [소리 센서 값] 블록을 [밝기를 10(으)로 정하기] 블록에 끼워 넣습니다. ▼을 클릭해 '빛'을 선택합니다.

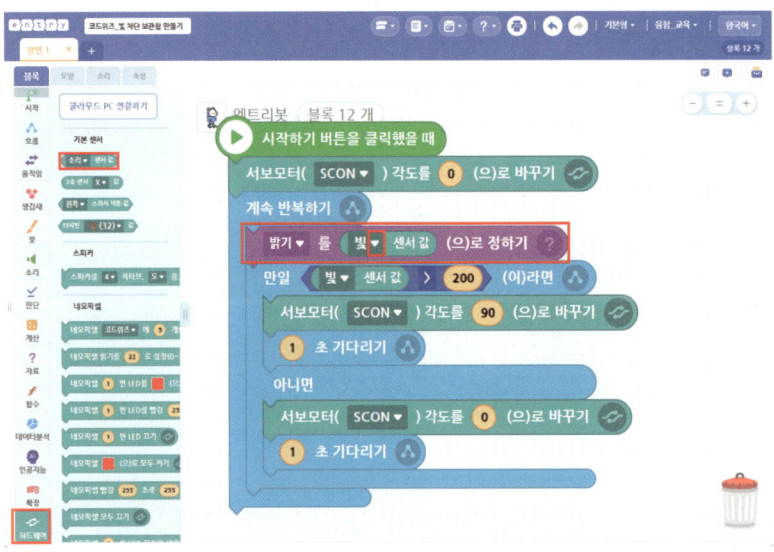

⑤ ▶시작하기 를 클릭해봅니다. 현재 밝기가 실행화면에 표시되는지 확인합니다. 밝기 값에 따라 서보모터의 각도가 변경되는지도 확인합니다.

TIP
밝기가 잘 표시되지 않나요?
코드위즈가 뒤집어져 있거나 빛 센서를 가리고 있는 물건이 없는지 확인해 보세요.

활동3 　 AI 손 인식 기능 적용하기

⭐ 인공지능은 어떻게 손 모양을 인식할 수 있는 걸까요?

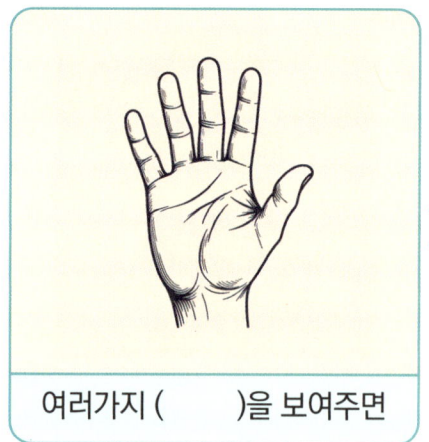

여러가지 (　　　)을 보여주면

인공지능이 학습을 하고

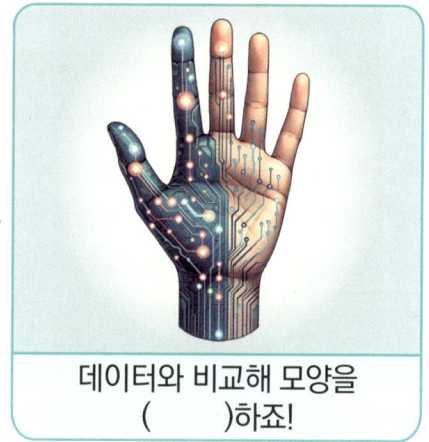

데이터와 비교해 모양을 (　　　)하죠!

⭐ 엔트리 속 '손 인식' 기능을 알아봅시다.

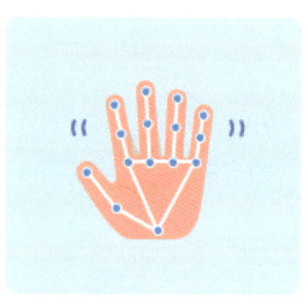

손 인식

- 엔트리 속 (　　　) 기능은 카메라를 이용하여 손을 인식하는 기능이에요.

- 여러 가지 손 모양을 인식하고 이를 프로그래밍에 활용할 수 있어요.

⭐ 인공지능 블록으로 손 인식 기능을 추가해봅시다.

① {인공지능}에서 　인공지능 블록 불러오기　를 클릭합니다.

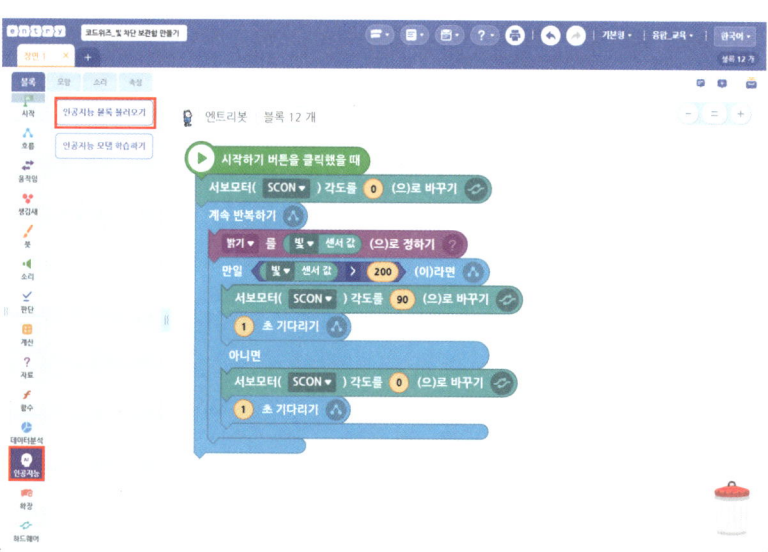

❷ [비디오 감지] 카테고리의 [손 인식]을 클릭한 후 불러오기 를 클릭합니다.

❸ {인공지능}의 [비디오 화면 보이기] 및 [손 인식 시작하기] 블록을 [시작하기 버튼을 클릭했을 때] 블록 아래에 끼워 넣습니다.

TIP
권한 요청창이 표시되면 [이번에만 허용] 또는 [방문할 때마다 허용] 버튼을 선택합니다.

❹ 카메라에 손이 인식되면 인식된 손이 표시되도록 {인공지능}의 [손을 인식했을 때]와 [인식한 손 보이기] 블록을 추가합니다.

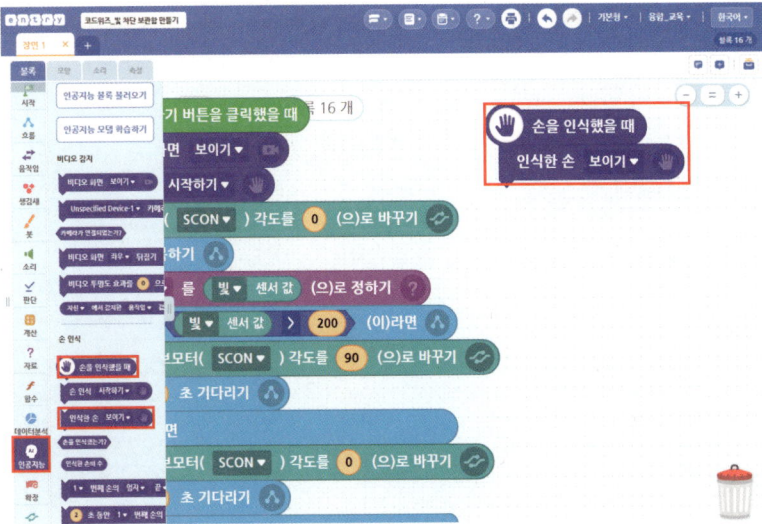

⑤ 인식된 손 모양을 판단하기 위해 {흐름}의 [만일 〈참〉 (이)라면]을 가져와 [정하기] 블록 아래에 끼워 넣습니다.

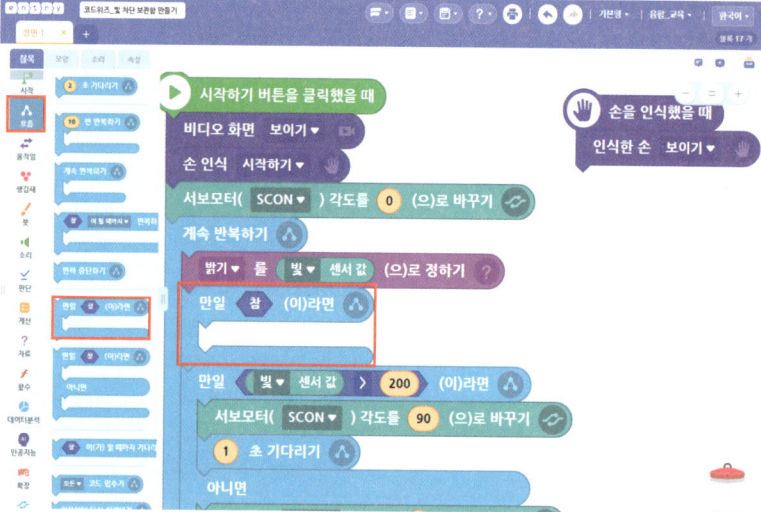

⑥ {인공지능}의 [1번째 손의 모양이 쥔 손인가?] 블록을 〈참〉에 끼워 넣고 ▼을 눌러 '엄지 위로'를 선택합니다.

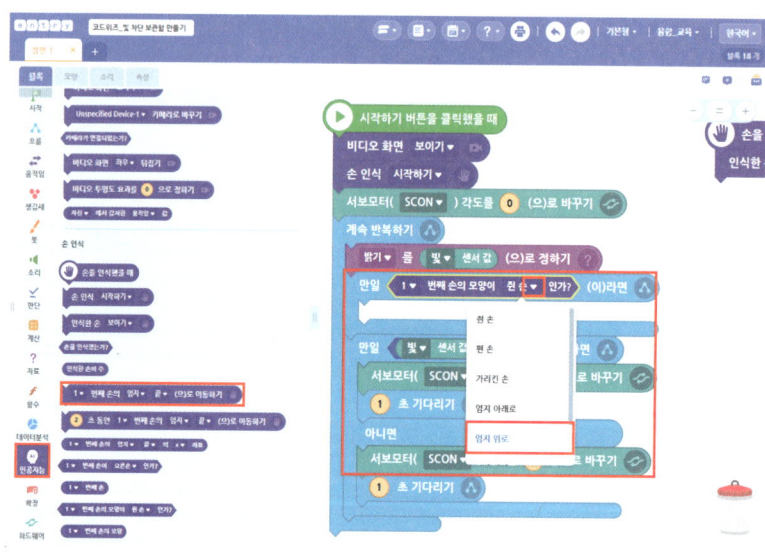

⑦ 인식된 손 모양이 엄지 위로이면 서보모터의 각도를 조정하기 위해 {하드웨어}의 [서보모터(SCON) 각도를 0(으)로 바꾸기]를 [만일 1번째 손의 모양이 엄지 위로인가? (이)라면] 블록에 끼워 넣습니다.

챕터4. 코드위즈로 빛 차단 보관함 만들기

⑧ 잠시 기다리도록 {흐름}의 [2초 기다리기]를 아래에 끼워 넣고 '5'를 입력합니다.

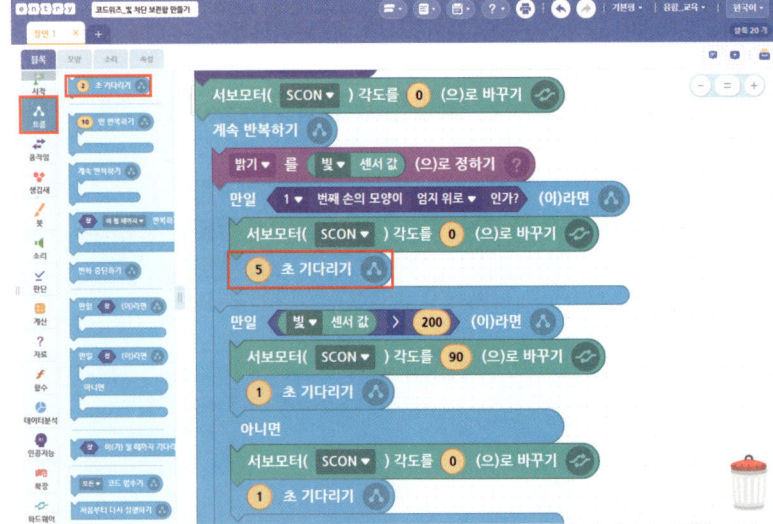

> **TIP**
> 기다리는 시간은 상황에 맞게 적당히 지정합니다.

⑨ ▶시작하기 를 클릭한 후 손이 잘 인식되는지 확인합니다.

63

활동4   빛 차단 보관함 활용하기

❂ 영상을 보고 빛 차단 보관함을 만들어 봅시다.

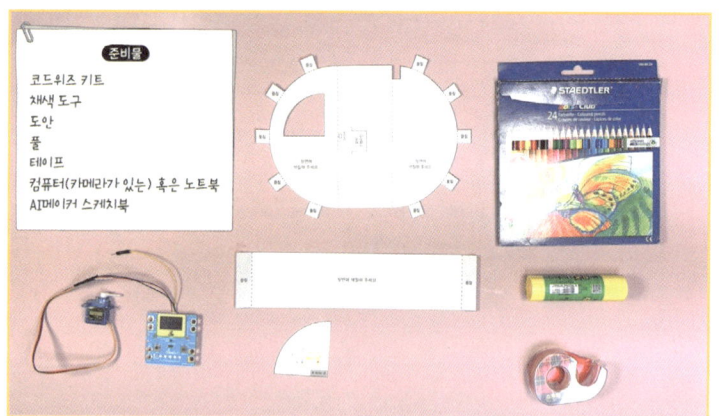

QR 코드를 스마트폰으로 찍어보아요!

❂ 나의 빛 차단 보관함 이름과 보관하고 싶은 물건을 작성해 봅시다.

나의 빛 차단 보관함 이름 :

보관하고 싶은 물건 :

이유 :

추가활동

❂ 손가락의 모양을 V자로 했을 때 3초간 보관함이 열리도록 코드를 수정해 봅시다.

전체 코드

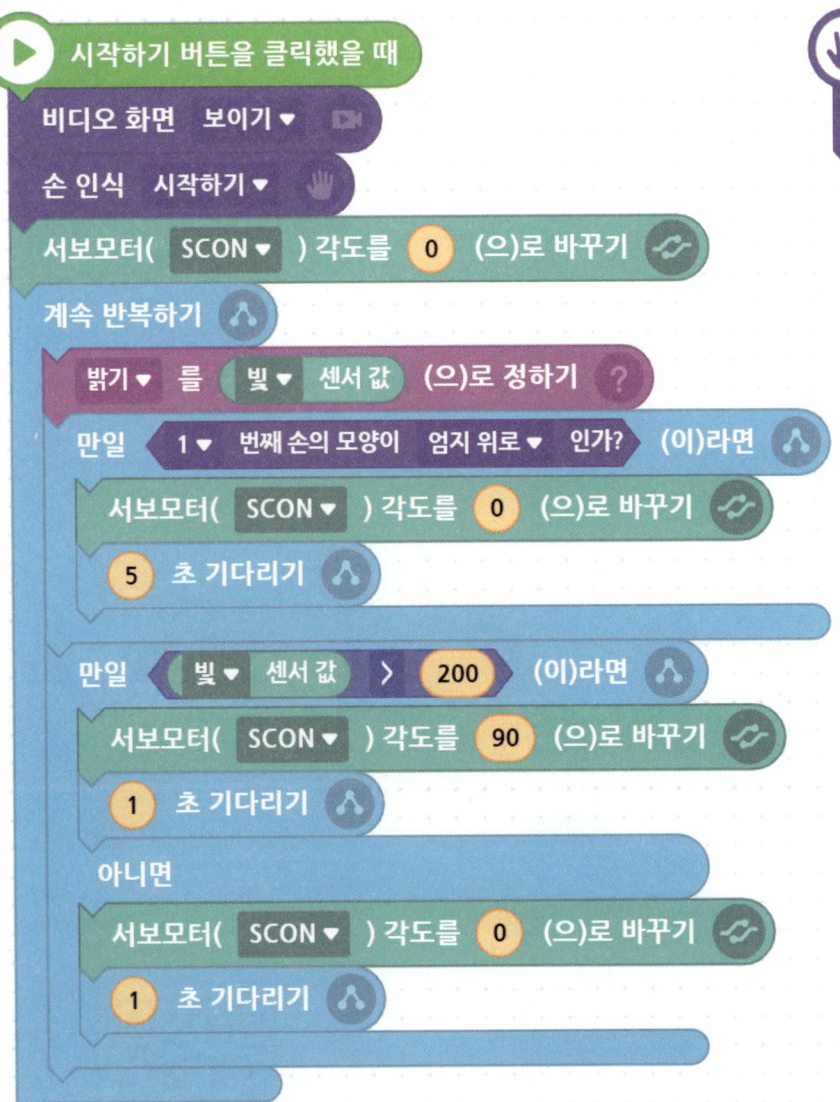

05 코드위즈로 스쿼트 도우미 풍차 만들기

◆ 1차시 학습 목표
선택 구조와 OLED 센서를 활용하여 프로그램을 만들 수 있다.

◆ 2차시 학습 목표
AI 사람 인식 기능을 추가하고, '스쿼트 도우미 풍차'를 만들 수 있다.

활동
1. OLED와 프로펠러 모터 알아보고 연결하기
2. OLED와 프로펠러 모터로 코딩하기
3. AI 사람 인식 기능 추가하기
4. 모둠별로 스쿼트 횟수 대결하기

<수업자료PPT>
https://bit.ly/3wXcJfV

◆ 준비물
1. 풀, 테이프, 색칠도구
2. 코드위즈, 프로펠러 모터, 4핀 케이블(수)
3. AI 메이커 스케치북 도안편
4. 카메라가 되는 PC 혹은 노트북

챕터5. 코드위즈로 스쿼트 도우미 풍차 만들기

들어가기

- 영상을 보고 아래의 질문에 답해 봅시다.

"만세 스쿼트로 불균형 찾기"

오늘 하루의 체력을 기르기 위해 어떤 운동을 하셨나요?
오늘은 스쿼트 운동을 한 번 해보는 건 어떨까요?
만세 스쿼트로 불균형 찾기
영상을 보고 우리도 함께 따라 해봅시다.

QR 코드를 스마트폰으로 찍어보아요!

- 스쿼트(앉았다 일어서기)를 통해 얻을 수 있는 기초 체력은 무엇인지 적어봅시다.

운동 이름 :
얻을 수 있는 기초체력 :

오늘 해결할 문제!

우리도 같이 스쿼트 운동을 해볼까요?
그런데 횟수를 정해놓고 하고싶어요.
열심히 했을 때 시원한 바람도 맞고싶어요.

인공지능으로 사람 인식을 해주는
스쿼트 도우미 풍차를
코드위즈로 만들어볼까요?

활동 1   OLED와 프로펠러 모터 알아보고 연결하기

★ 코드위즈 속 'OLED'를 알아봅시다.

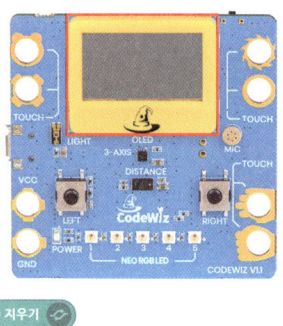

OLED

- 코드위즈에는 위쪽 가운데에 (　　　)가 부착되어 있어요.
- (　　　)는 메시지와 같은 텍스트, 숫자, 도형 등을 쉽게 출력할 수 있어요.
- (　　　)는 전자시계, 모니터 등 우리 생활 속에서 다양하게 사용되고 있어요!

★ 코드위즈의 'OLED'에 메시지 출력을 실습해 봅시다.

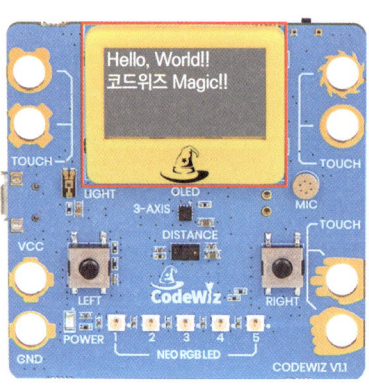

OLED 출력 실습

- 아래와 같이 코딩하고 OLED에 나타나는 글자를 확인해 보아요!

★ 코드위즈에 '프로펠러 모터'를 연결해봅시다.

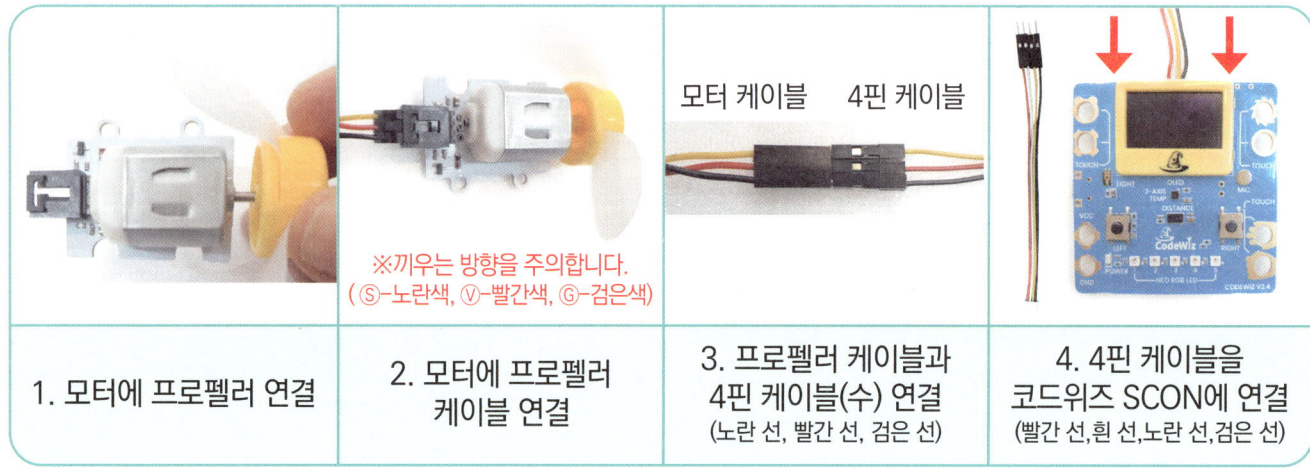

| 1. 모터에 프로펠러 연결 | 2. 모터에 프로펠러 케이블 연결 | 3. 프로펠러 케이블과 4핀 케이블(수) 연결 (노란 선, 빨간 선, 검은 선) | 4. 4핀 케이블을 코드위즈 SCON에 연결 (빨간 선, 흰 선, 노란 선, 검은 선) |

활동 2 | OLED와 프로펠러 모터로 코딩하기

● 프로펠러 모터에 사용된 DC 모터란 무엇인지 알아봅시다.

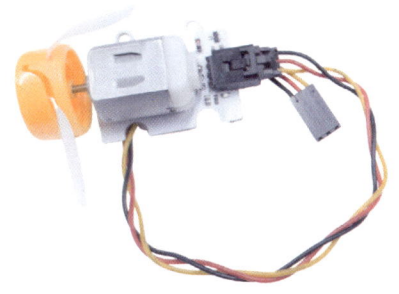

- DC 모터란, 출력장치로서 전력을 받아 회전하고, 그 축에 회전력을 발생시켜주는 아날로그 동력 기계입니다.
- (　　)는 조절하지 못하지만 힘이 셉니다!
- (　　)는 자동차, 선풍기 등 우리 생활 속에서 다양하게 사용되고 있어요.
- 프로펠러 모터는 DC 모터에 선풍기 날개를 붙인 것이랍니다.

● OLED와 프로펠러 모터를 사용해서 코딩해봅시다.

① [소리] 탭을 클릭한 후 소리 추가하기 를 클릭합니다.

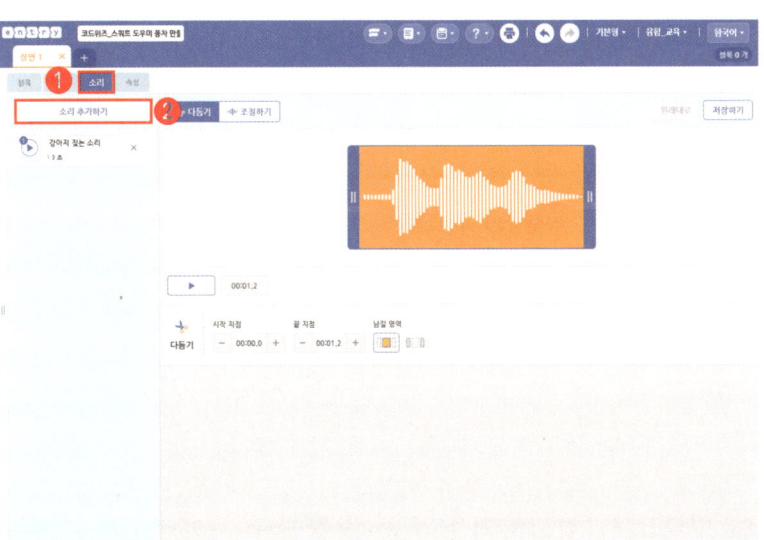

② '딩동'을 검색합니다. 검색된 '딩동' 소리를 클릭해 우측 목록에 추가합니다.

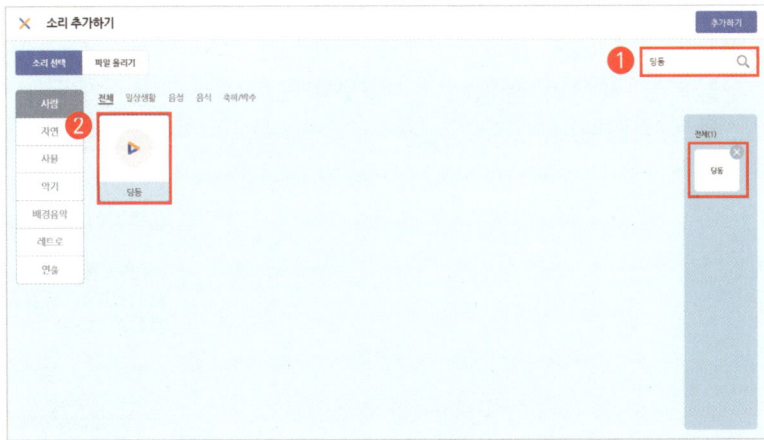

③ 검색창에 '클리어'를 입력한 후 검색합니다. 검색된 소리에서 '클리어1'을 선택해 우측 목록에 추가하고, 우측 상단의 추가하기 를 클릭합니다.

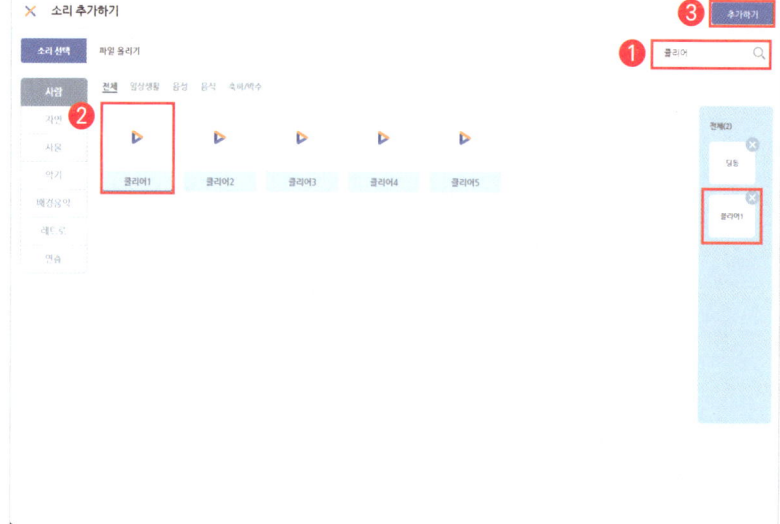

④ 소리 목록에 선택한 소리가 모두 추가되었는지 확인합니다. '강아지 짖는 소리'를 삭제한 후 [블록] 탭을 클릭합니다.

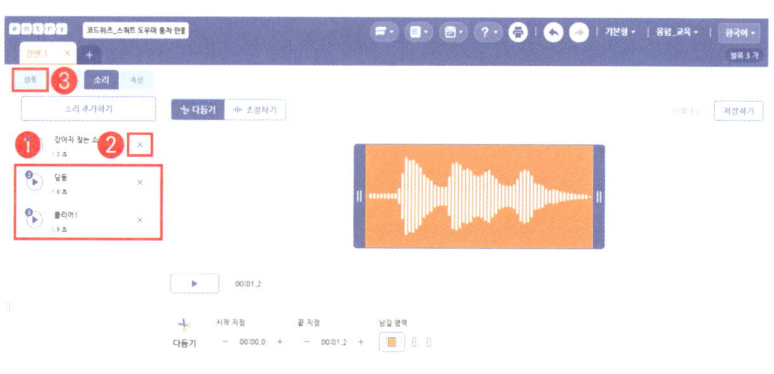

⑤ {시작}의 [시작하기 버튼을 클릭했을 때] 블록과 {하드웨어}에서 [OLED 지우기] 블록을 가져오고 [OLED에 한글포함 코드위즈 Magic!!출력, 줄바꿈] 블록을 가져와 붙입니다. '잘했어요.'를 입력합니다.

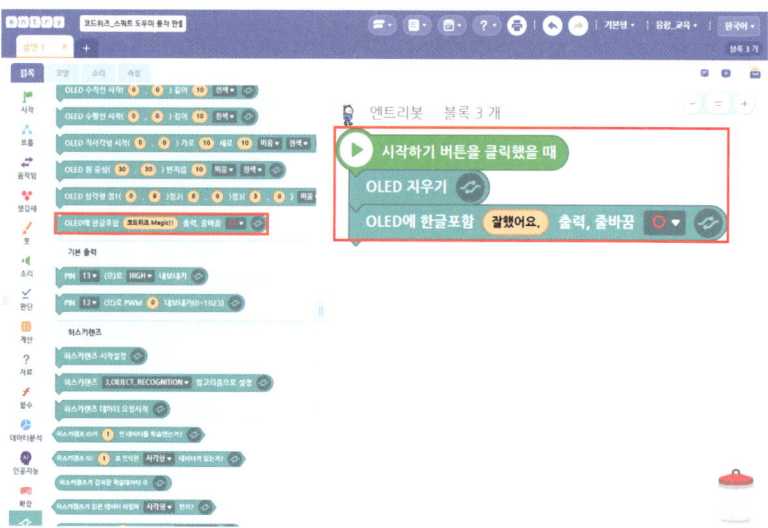

챕터5. 코드위즈로 스쿼트 도우미 풍차 만들기

⑥ {소리}에서 [소리 딩동 재생하기], {흐름}에서 [2초 기다리기] 블록을 가져와 아래 연결합니다. 숫자 2를 지우고 '1'을 입력합니다.

⑦ {하드웨어}에서 [OLED 지우기], [OLED에 한글포함 코드위즈 Magic!!출력, 줄바꿈] 블록을 가져와 [1초 기다리기] 블록 아래에 연결합니다. '고생했습니다. 시원한 선풍기 바람을 쐬어요.' 문구를 입력합니다.

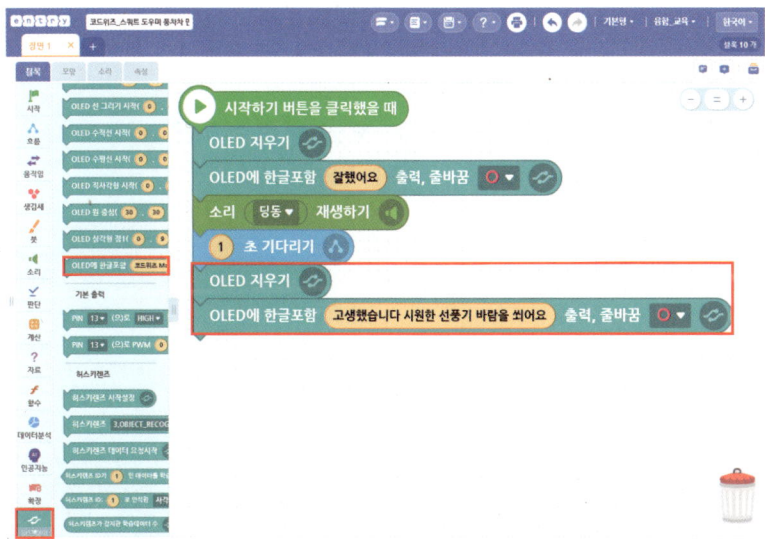

⑧ {소리}에서 [소리 딩동 재생하기], {흐름}에서 [2초 기다리기] 블록을 가져와 아래 연결합니다. '클리어1'을 선택하고 숫자 2를 지우고 '1'을 입력합니다.

71

⑨ {하드웨어}에서 [PIN 13 (으)로 HIGH 내보내기] 블록을 가져와 연결합니다. ▼을 클릭 해 '19'를 선택합니다.

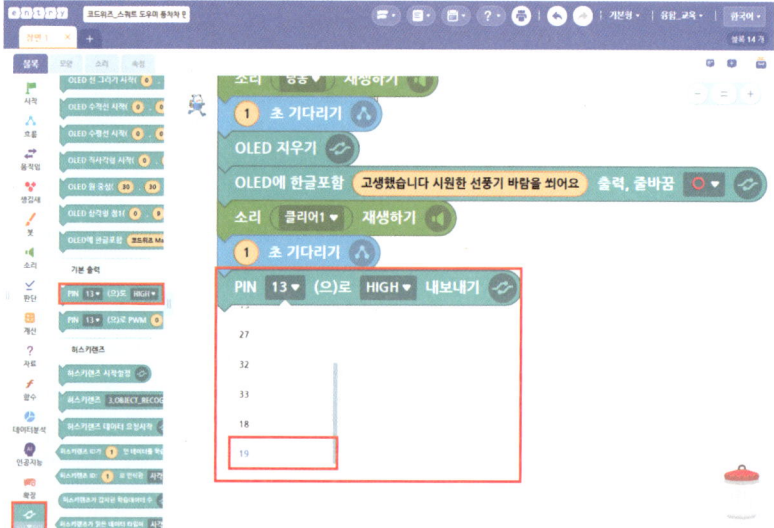

⑩ 프로펠러 모터가 2초 동안 작동하도록 {흐름}의 [2초 기다리기] 블록과 {하드웨어}의 [PIN 13 (으)로 HIGH 내보내기] 블록을 가져와 연결합니다. ▼을 클릭해 '19'와 'LOW'를 선택합니다.

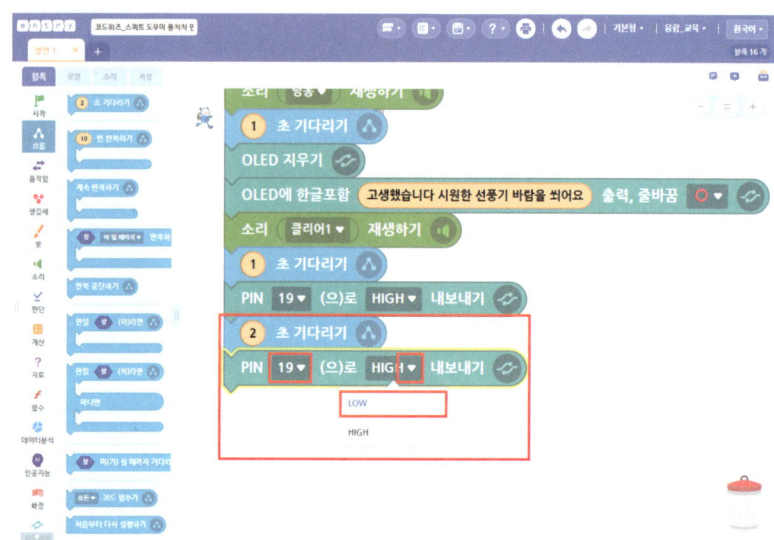

⑪ ▶시작하기 를 클릭합니다. 코드위즈 OLED에 메시지가 출력된 후 프로펠러 모터가 2초 동안 동작되는지 확인합니다.

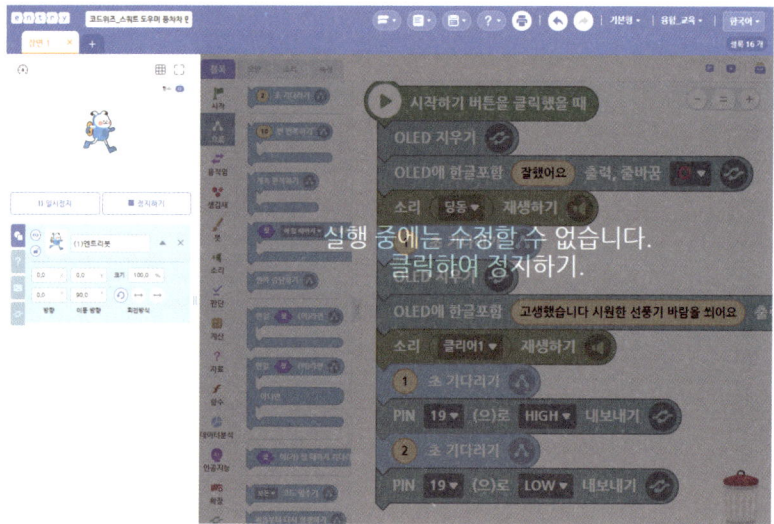

활동 3 — AI 사람 인식 기능 추가하기

● '사람 인식'이란 무엇인지 알아봅시다.

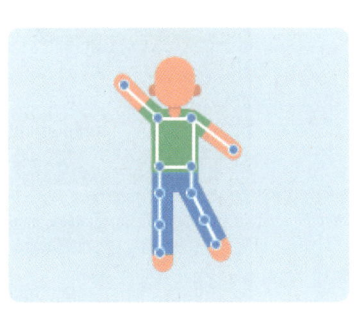

사람 인식

- 엔트리 인공지능 블록에는 (　　　) 기능이 있어요.

- (　　　) 기능은 사람을 인식하고 인식한 사람을 보여주며, 그 수도 파악할 수 있어요.

- (　　　) 기능은 사람의 여러 신체 부위(코, 눈, 귀, 어깨 등)로 인식도 가능해요.

● AI 사람 인식 기능으로 코딩해봅시다.

① {인공지능}에서 [인공지능 블록 불러오기]를 클릭합니다.

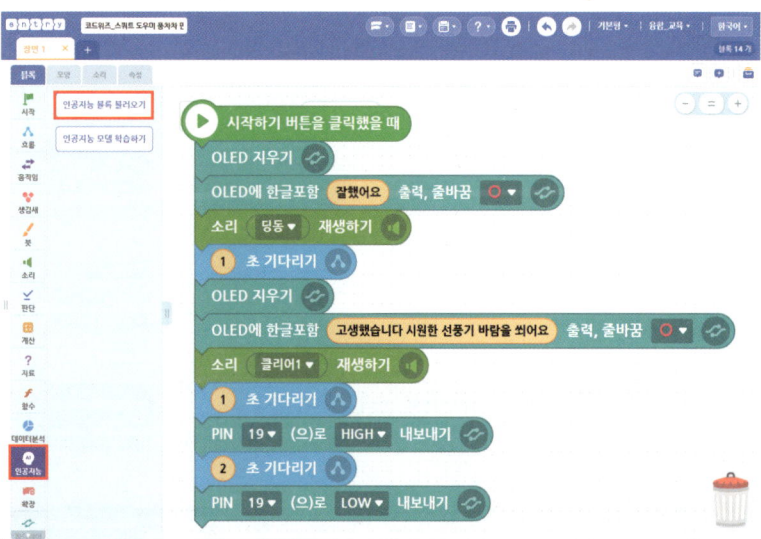

② [비디오 감지] 카테고리의 [사람 인식]을 선택한 후 [불러오기]를 클릭합니다.

❸ [OLED 지우기] 블록을 드래그하여 [시작하기 버튼을 클릭했을 때] 블록과 분리합니다.

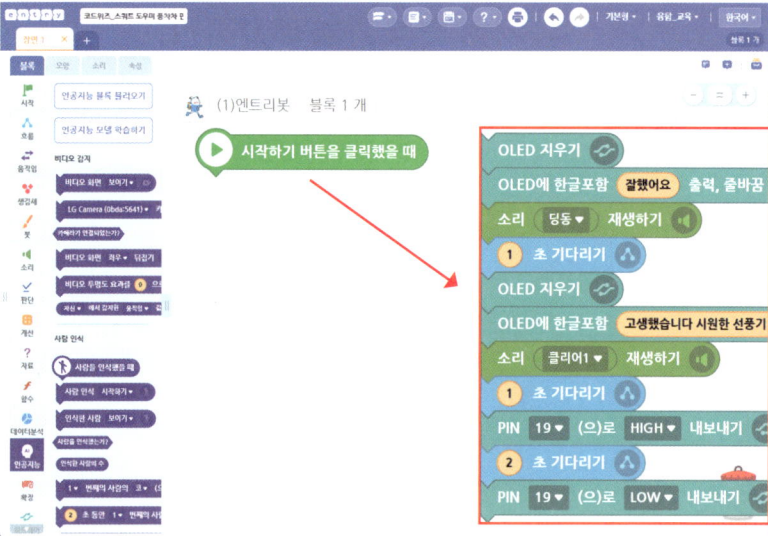

❹ 사람 인식을 시작하도록 {인공지능}에서 [비디오 화면 보이기], [사람 인식 시작하기] 블록을 가져와 [시작하기 버튼을 클릭했을 때] 블록 아래에 연결합니다.

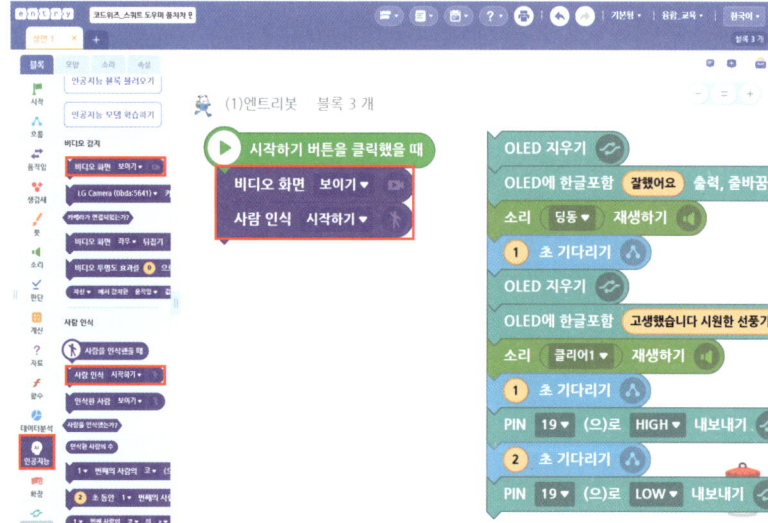

TIP
권한 요청창이 표시되면 [이번에만 허용] 또는 [방문할 때마다 허용] 버튼을 선택합니다.

❺ 카메라가 사람을 인식했을 때 실행화면에 인식한 사람을 표시하도록 {인공지능}에서 [사람을 인식했을 때]와 [인식한 사람 보이기] 블록을 가져와 연결합니다.

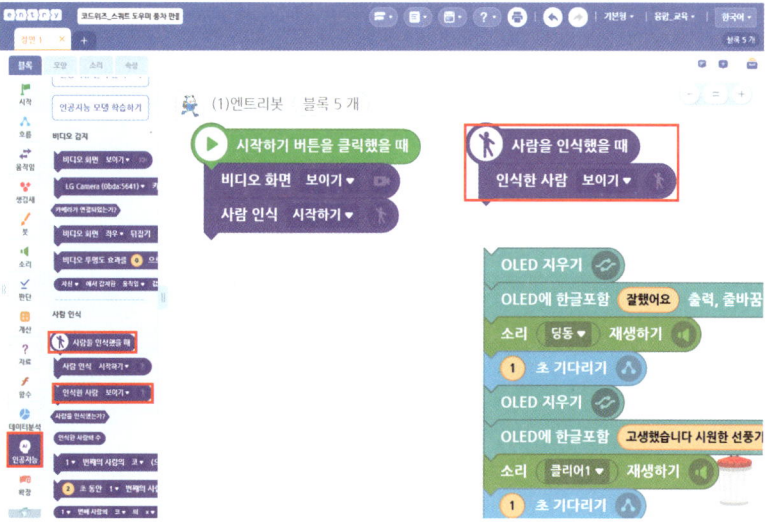

챕터5. 코드위즈로 스쿼트 도우미 풍차 만들기

⑥ 스쿼트를 성공한 횟수를 저장할 변수를 선언하기 위해 {자료}에서 [변수 만들기] 를 클릭합니다.

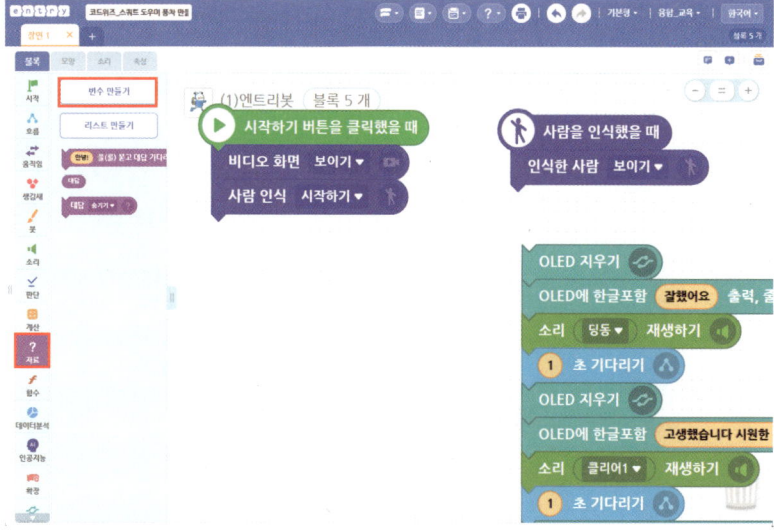

★ TIP
[속성] 탭의 [변수]를 선택한 후 [변수 추가하기] 를 클릭해도 됩니다.

⑦ [변수 이름]에 '횟수'를 입력하고 [변수 추가] 를 클릭합니다.

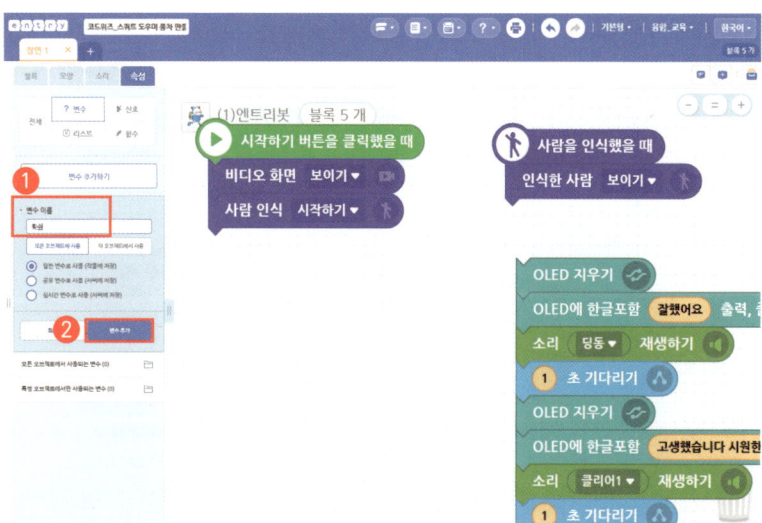

⑧ [블록] 탭을 클릭합니다. 스쿼트 성공 횟수가 5가 될 때까지 측정을 반복하도록 {흐름}에서 [〈참〉이 될 때까지 반복하기] 블록을 가져와 아래에 연결합니다. {판단}의 [10=10] 블록을 〈참〉에 끼워 넣고 오른쪽에 '5'를 입력합니다.

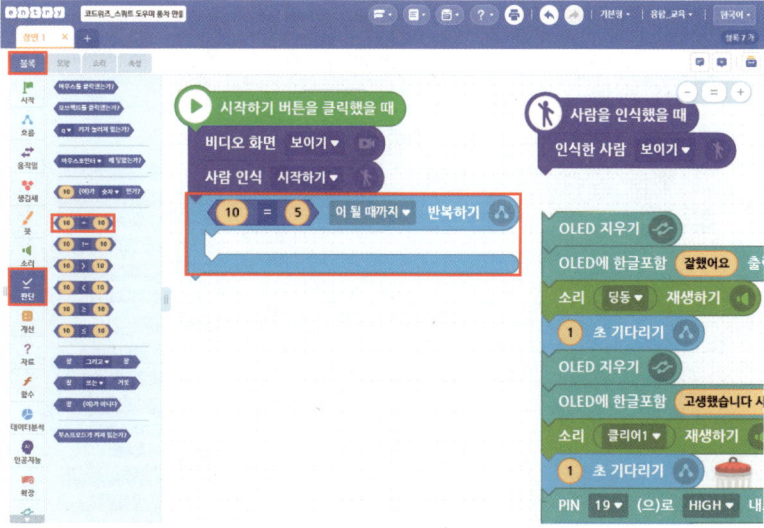

⑨ {자료}에서 [횟수값] 블록을 가져와 [10=5] 블록 왼쪽에 끼워 넣습니다.

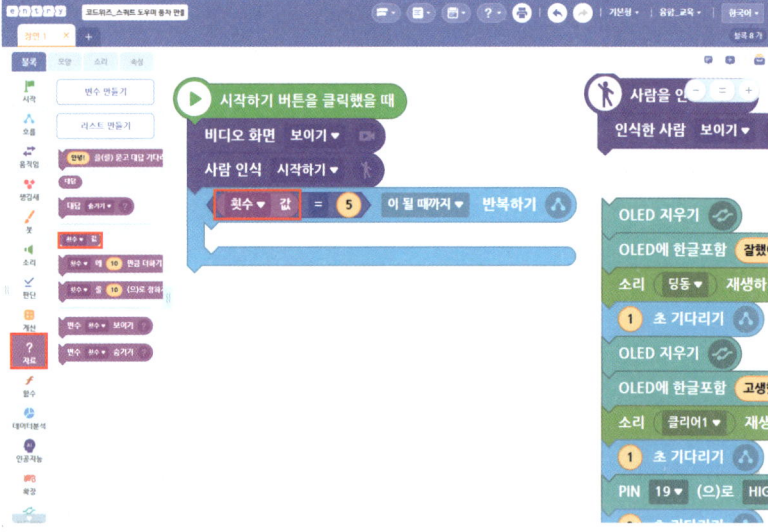

★ TIP

횟수값 수정

횟수값은 수정 가능합니다. 5보다 늘려도 좋고, 줄여도 좋아요. 나에게 맞는 횟수값을 입력하여 운동 코드를 만들어보아요.

⑩ {흐름}에서 [만일 〈참〉 (이)라면] 블록을 가져와 [반복하기] 블록에 끼워 넣습니다. {판단}의 [10≤10] 블록을 〈참〉에 끼워 넣고 오른쪽에 '-50'을 입력합니다.

⑪ 카메라에 인식된 어깨 위치로 스쿼트 성공 여부를 판단하기 위해 [10≤-50] 블록 왼쪽에 {인공지능}의 [1번째 사람의 코의 x좌표] 블록을 끼워 넣고 ▼을 눌러 '왼쪽 어깨'와 'y'를 선택합니다.

⑫ 스쿼트를 성공하면 횟수를 1씩 증가시키기 위해 {자료}에서 [횟수에 10만큼 더하기] 블록을 가져와 [(이)라면] 내부에 끼워 넣고 10 대신 '1'을 입력합니다.

⑬ OLED에 '잘했어요' 문구와 '딩동' 소리도 재생하도록 오른쪽에 분리해 둔 블록에서 [OLED 지우기] 부터 [1초 기다리기] 블록까지 분리해 [더하기] 블록 아래에 연결합니다.

★ TIP
앉았다 일어나는 시간 간격으로 지정된 [1초 기다리기] 는 상황에 맞춰 적당히 변경합니다.

⑭ 스쿼트를 5번 성공하면 안내 문구 출력 및 '클리어1' 소리를 재생한 후 프로펠러 모터를 2초 동안 돌려 시원한 바람이 나오도록 오른쪽에 분리해둔 코드를 가져와 [반복하기] 블록 아래에 연결합니다.

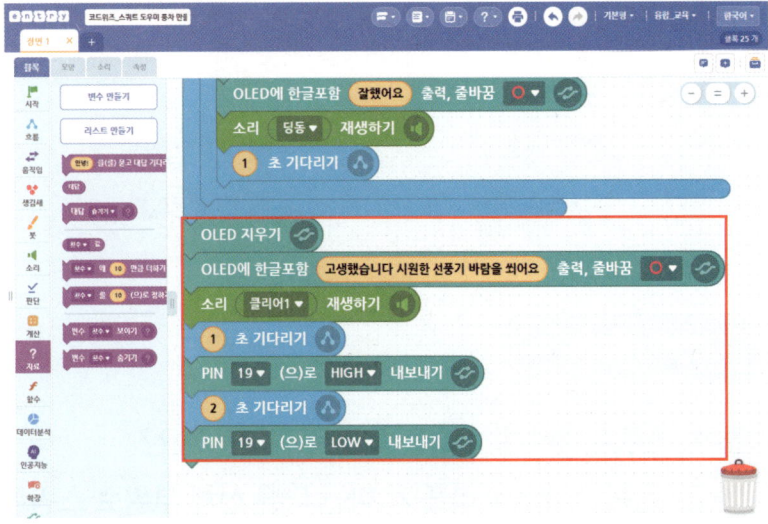

⑮ ▶시작하기 를 클릭합니다. 카메라에 몸이 인식되는지 확인한 후 스쿼트 운동을 해봅니다.

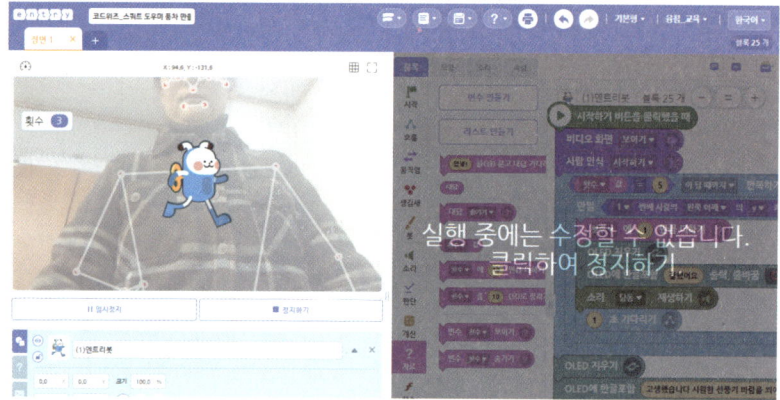

활동4 모둠별로 스쿼트 횟수 대결하기

⭐ 모둠별로 횟수를 수정하여 스쿼트 횟수를 대결해봅시다.

우리 반 스쿼트왕은 누굴까?

① 모둠원끼리 처음 시도할 스쿼트 횟수를 정합니다.
② 정한 횟수만큼 각자 시도합니다.
③ 다음으로 시도할 스쿼트 횟수를 정합니다.
④ 정한 횟수만큼 각자 시도합니다.
⑤ 1~4의 과정을 반복하며 계속 이어나가 가장 많은 횟수의 스쿼트를 한 학생이 승리합니다.
⑥ 모둠에서 1등한 학생은 반 전체 대결을 시행합니다.
⑦ 우리 반 스쿼트 왕을 뽑아보아요!

⭐ AI 메이커 스케치북과 코드위즈로 스쿼트 도우미 풍차를 만들어봅시다.

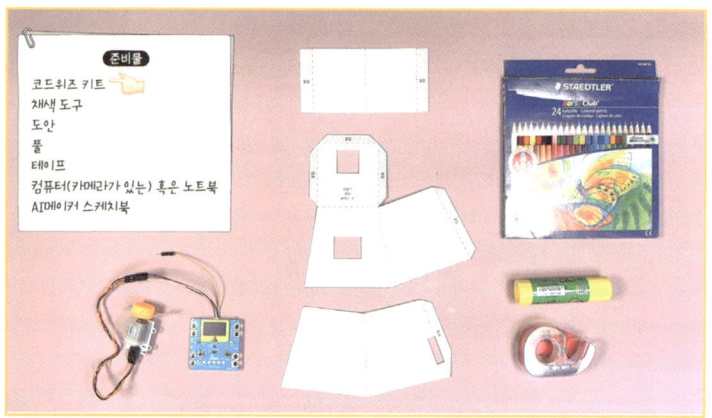

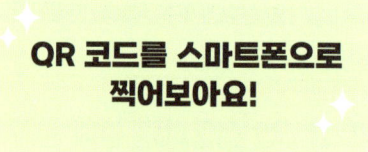
QR 코드를 스마트폰으로 찍어보아요!

추가활동

⭐ 1. 스쿼트 횟수를 원하는 대로 수정해볼까요?

⭐ 2. '왼쪽 어깨의 y 좌표'가 아닌 다른 신체 부위로 스쿼트 동작을 인식시킬 수 있게 수정해 봅시다.

전체 코드

시작하기 버튼을 클릭했을 때
- 비디오 화면 보이기
- 사람 인식 시작하기
- 횟수 값 = 5 이 될 때까지 반복하기
  - 만일 1번째 사람의 왼쪽 어깨 의 y 좌표 ≤ -50 (이)라면
    - 횟수 에 1 만큼 더하기
    - OLED 지우기
    - OLED에 한글포함 잘했어요 출력, 줄바꿈 O
    - 소리 딩동 재생하기
    - 1 초 기다리기
- OLED 지우기
- OLED에 한글포함 고생했습니다 시원한 선풍기 바람을 쐬어요 출력, 줄바꿈 O
- 소리 클리어1 재생하기
- 1 초 기다리기
- PIN 19 (으)로 HIGH 내보내기
- 2 초 기다리기
- PIN 19 (으)로 LOW 내보내기

사람을 인식했을 때
- 인식한 사람 보이기

06 코드위즈로 우주선 컨트롤러 만들기

✦ 1차시 학습 목표
3축 센서에 대해 이해하고 '우주선 컨트롤러'를 만들 수 있다.

✦ 2차시 학습 목표
AI 음성 인식 기능을 추가하고 '우주선 컨트롤러'를 이용한 게임을 만들 수 있다.

활동
1. 3축 센서를 알아보고 연결하기
2. 코드위즈의 3축 센서로 우주선 조종 코딩하기
3. AI 음성 인식 기능으로 코딩하기
4. 우주선을 컨트롤하여 비행 유닛을 피하는 게임하기

〈수업자료PPT〉

https://bit.ly/3TuLv9v

✦ 준비물
1. 풀, 테이프, 색칠도구
2. 코드위즈
3. AI 메이커 스케치북 도안편
4. 마이크가 있는 PC 혹은 노트북

챕터6. 코드위즈로 우주선 컨트롤러 만들기

들어가기

- 영상을 보고 아래의 질문에 답해 봅시다.

"우주선 도킹이란?"

우주 공간에서 두 우주선을 서로 연결하는 것을 말합니다. 서로 부딪히지 않도록 속도를 조절하여 속도를 0으로 만든 다음, 천천히 위치와 방향을 3축 조절하여 두 개의 우주선을 연결하는 작업입니다. 이렇게 연결된 통로는 우주에서 물자나 사람을 서로 오고 가게 하는데 사용됩니다.

엄청난 기술력이 필요하며 우주선을 세심하게 조정해야 하는 우주과학의 결정체라고 할 수 있습니다.

QR 코드를 스마트폰으로 찍어보아요!

- 영상의 내용을 참고하여 아래 질문에 답해봅시다.

> 두 우주선이 서로 물리적으로 연결하는 것을 무엇이라고 부를까요?
>
> 내가 생각하는 도킹 과정을 적어봅시다.

오늘 해결할 문제!

우리 반 친구들은 우주선을 조종해 보고 싶지만 실제로 우주선을 접할 수가 없어요.

비록 간단한 컨트롤러지만 **음성을 인식하여 우주비행**을 시작하고, **3축 센서**를 이용하여 우주선을 자유롭게 움직이는 **우주선 컨트롤러**를 코드위즈로 만들어볼까요?

| 활동 1 | 3축 센서를 알아보고 연결하기 |

● 코드위즈의 '3축 센서'를 알아봅시다.

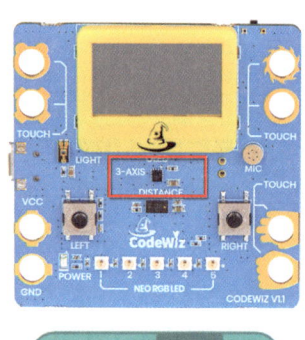

3축 센서

- 코드위즈의 가운데에 (　　) 센서가 부착되어 있어요.
- (　　) 센서는 보드의 기울기를 감지합니다. 기울기를 x, y, z 축의 값으로 전환하여 −90~90 사이의 수로 입력받습니다.
- (　　) 센서는 기울기를 감지한 뒤 음성을 통해 다양한 메시지를 전달하는 방식으로 우리 생활에서 쓰이고 있어요.

● 3차원과 'x,y,z 축'에 대해 알아봅시다.

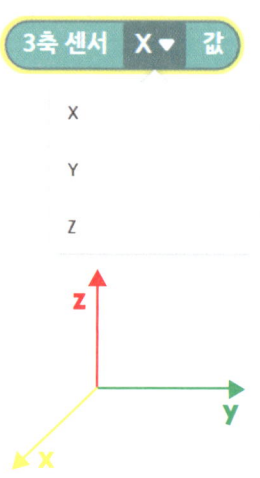

2차원과 3차원

- 쉽게 설명하면 평면 도형은 (　　), 입체 도형은 (　　)을 떠올리면 됩니다.
- 흔히 2차원을 2D, 3차원을 3D라고 표현하기도 합니다.
- (　　)이 가로와 세로의 두 가지 축으로 구성된다면, (　　)은 가로와 세로에 (　　)를 더해 표현됩니다.
- (　　)에서의 가로, 세로, (　　)를 보통 x,y,z 축이라고 설명합니다. (x,y는 방향에 따라 다릅니다.)

| 활동 2 | 코드위즈의 3축 센서로 우주선 조종 코딩하기 |

● 3축 센서 블록이 표현되는 방식을 간단히 살펴봅시다.

3축 센서

- 왼쪽 프로그램을 실행하면, '위에서 아래' 순으로 차례차례 실행됩니다.
- 여기서 (　　) X의 값, (　　) Y의 값 등으로 표현된 블록이 (　　) 센서와 관련된 블록입니다.
- 컴퓨터와 코드위즈를 연결하고 이 (　　) 센서와 관련된 블록을 통해 다양한 활동을 할 수 있습니다.

챕터6. 코드위즈로 우주선 컨트롤러 만들기

◆ 우주 배경과 우주선 오브젝트를 엔트리에 추가해 봅시다.

① [오브젝트] 창에서 엔트리봇 옆의 X 버튼을 클릭하여 '엔트리봇' 오브젝트를 삭제합니다.

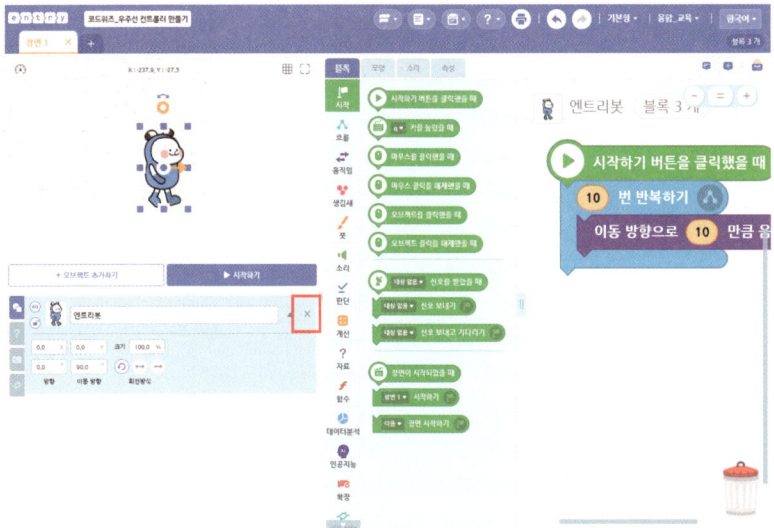

② 밤하늘 배경과 우주선 오브젝트를 추가하기 위해 + 오브젝트 추가하기 를 클릭합니다. [탈것] 카테고리에서 '로켓(3)'을 클릭합니다.

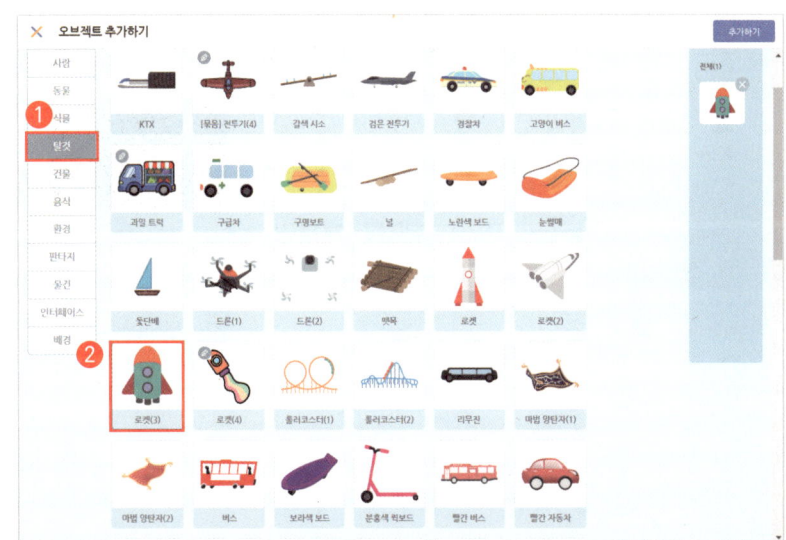

③ 배경을 추가하기 위해 '밤하늘'을 입력하여 검색합니다. 우주의 느낌이 나는 배경을 클릭한 후 상단의 추가하기 를 클릭합니다.

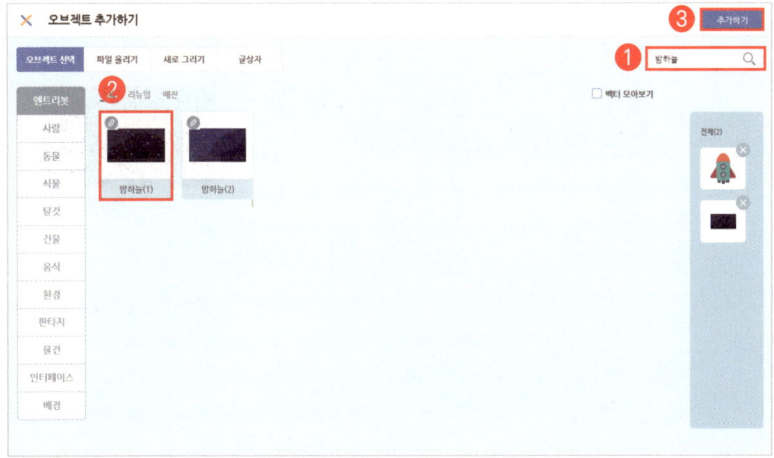

83

④ [장면]에 추가된 '로켓(3)' 오브젝트를 클릭합니다. [오브젝트] 창에서 '크기'를 '30%'로 지정합니다. 이름을 '우주선'으로 변경 입력합니다.

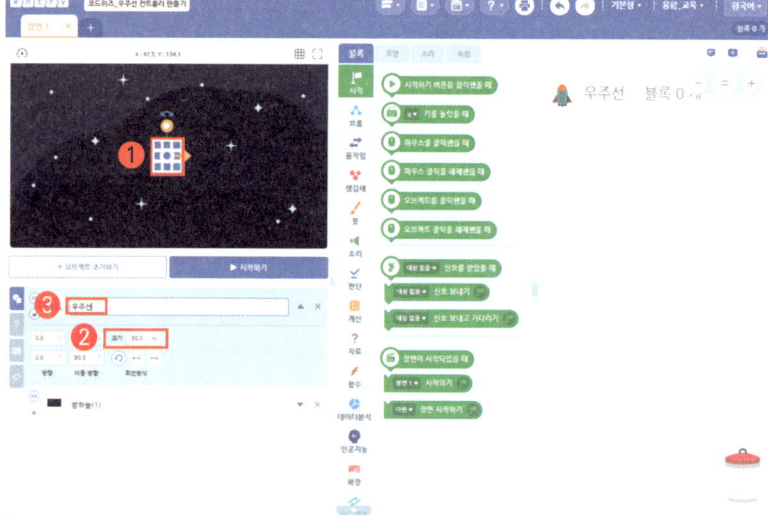

TIP
오브젝트를 클릭하면 9개의 방향에 작은 사각형이 표시됩니다. 해당 사각형을 드래그해서 간단히 크기를 조정할 수 있습니다.

★ 3축 센서 코딩을 통해 우주선을 조종해봅시다.

① 코드위즈 3축 센서가 기울어진 방향에 따라 '우주선' 오브젝트의 x좌표와 y좌표가 변경되어야 합니다. {시작}에서 [시작하기 버튼을 클릭했을 때] 블록과 {움직임}의 [x 좌표를 10 만큼 바꾸기], [y 좌표를 10 만큼 바꾸기] 블록을 가져와 연결합니다.

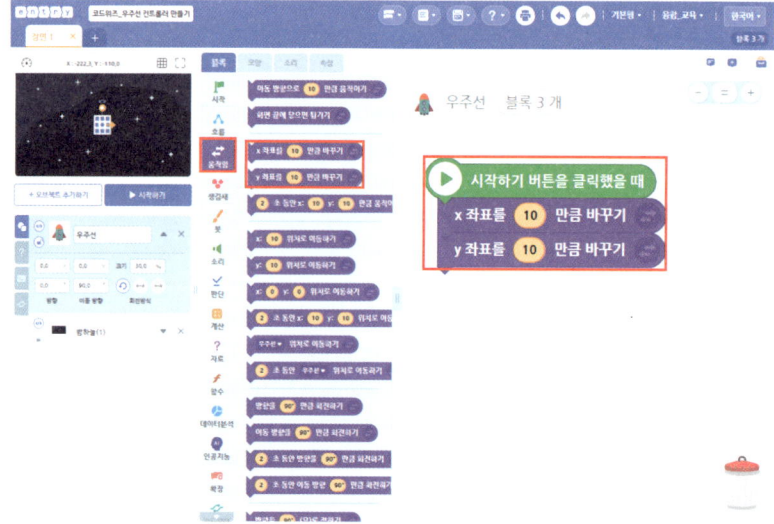

② 측정된 x축, y축 값을 20으로 나눈 값만큼 '우주선' 오브젝트가 이동되도록 {계산}에서 [10/10] 블록을 가져와 [바꾸기] 블록에 끼워 넣습니다.

❸ {하드웨어}에서 [3축 센서 x 값] 블록을 2개 가져와 [10/10] 블록 왼쪽에 끼워 넣고 오른쪽에는 '20'을 입력합니다. 2번째 [3축 센서 x 값] 블록의 ▼을 클릭해 'y'를 선택합니다.

TIP

왜 뒤에 20을 나눠주어야 할까요?

코드위즈의 센서는 매우 예민하여 좌표 바꾸기를 할 경우 매우 빠른 속도로 좌표를 바꾸게 됩니다. 따라서 적절한 속도로 좌표값을 나누어 이동 속도를 조정하는 것입니다. 뒤의 20의 숫자 대신 사용자가 적절한 숫자를 넣어 속도를 조정해 보세요.

❹ {흐름}에서 [계속 반복하기] 블록을 가져와 [시작하기 버튼을 클릭했을 때] 블록 아래에 끼워 넣습니다. 우주선의 좌표를 바꾸는 코드를 [계속 반복하기]에 끼워 넣습니다.

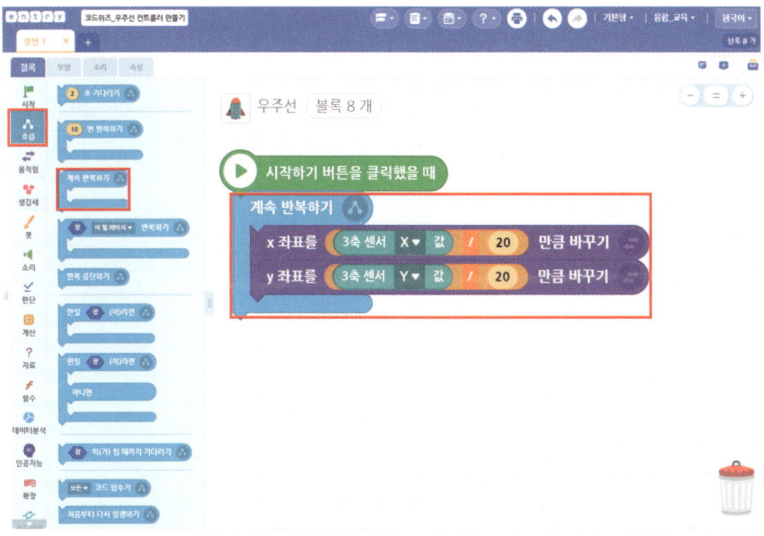

TIP

왜 계속 반복하기를 넣어줘야 할까요?

계속 반복하기 블록을 넣지 않으면 시작하자마자 딱 한 번만 좌표를 바꾸기 때문에 안 움직인 것처럼 보입니다. 계속 반복하기를 넣어야 계속 작동이 가능합니다.

❺ ▶시작하기 를 클릭합니다. 코드위즈 본체를 좌, 우, 위, 아래로 기울였을 때 우주선도 좌, 우, 위, 아래로 잘 움직이는지 확인합니다.

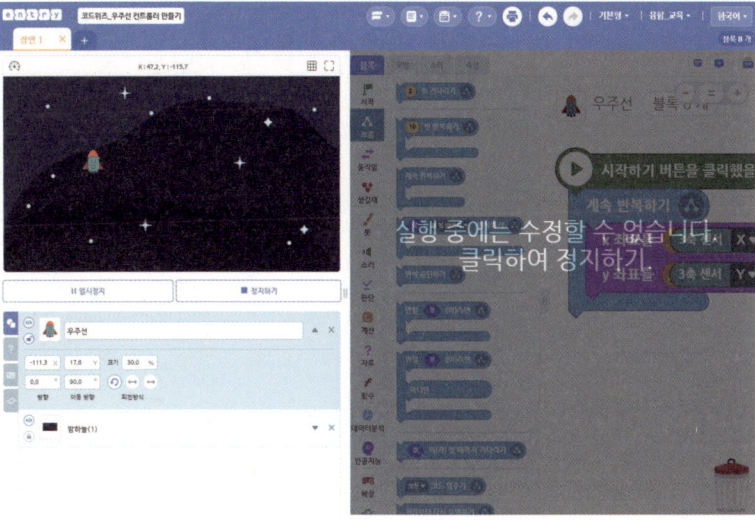

TIP

우주선이 올바르게 작동하지 않는다면?

x,y축 코드가 올바르게 코딩되었는지 확인하고 코드위즈 연결을 다시 해보세요.

⑥ 우주선을 좌, 우, 위, 아래로 끝까지 이동시키면 우주선이 실행화면 밖으로 사라집니다. 우주선이 실행화면 안에서만 이동되도록 {흐름}에서 [만일 〈참〉 (이)라면] 블록을 가져와 [바꾸기] 아래에 끼워 넣습니다.

⑦ {판단}에서 [벽에 닿았는가?] 블록을 가져와 〈참〉에 끼워 넣습니다. 벽에 닿으면 화면 중앙으로 이동되도록 {움직임}의 [x:0 y:0 위치로 이동하기] 블록을 [(이)라면] 블록 내부에 끼워 넣습니다.

⑧ ▶시작하기 를 클릭합니다. 코드위즈 본체를 좌, 우, 위, 아래로 기울여 벽에 닿았을 때 실행화면 중앙으로 이동되는지 확인합니다.

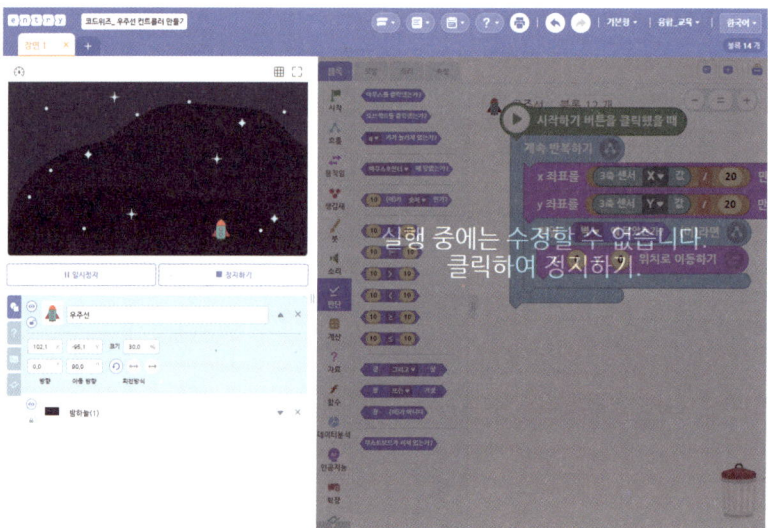

챕터6. 코드위즈로 우주선 컨트롤러 만들기

| 활동 3 | AI 음성 인식 기능으로 코딩하기 |

★ 인공지능 블록으로 음성 인식 기능을 추가해 봅시다.

① 왼쪽 [오브젝트] 창에서 '밤하늘(1)' 오브젝트를 클릭한 후 {인공지능}을 선택합니다. [인공지능 블록 불러오기] 를 클릭합니다.

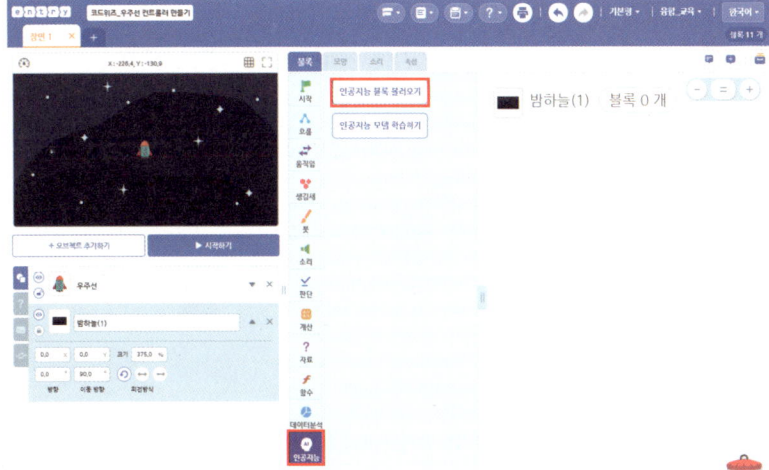

② [오디오 감지] 카테고리의 [음성 인식]을 선택한 후 [불러오기] 를 클릭합니다.

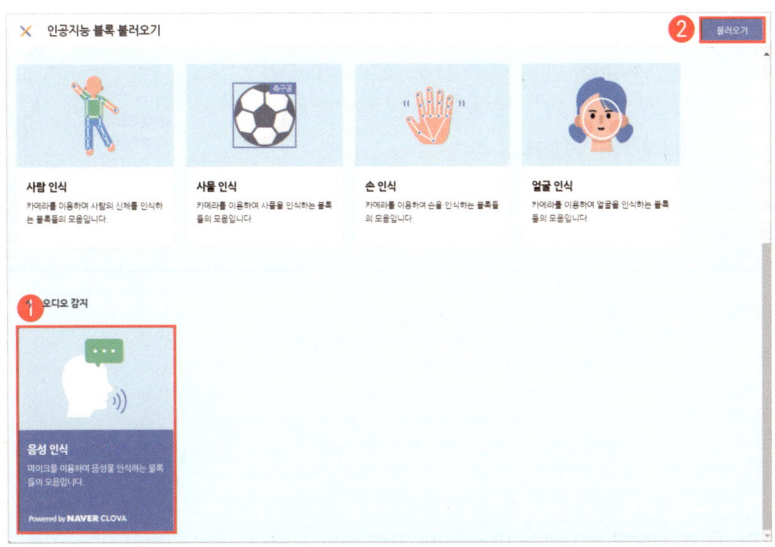

③ 내가 입력한 음성이 잘 입력되었는지 확인하기 위해 {시작}의 [시작하기 버튼을 클릭했을 때] 블록과 {인공지능}의 [인식한 음성 보이기] 블록을 가져와 연결합니다.

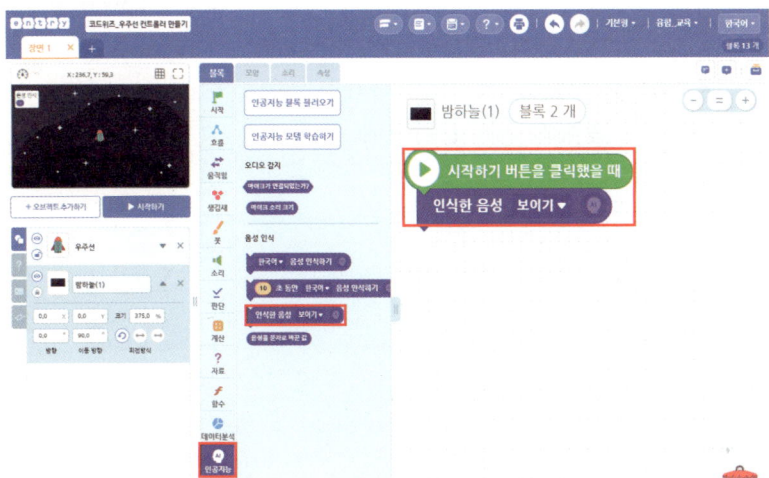

④ 마이크가 연결될 때까지 기다리도록 {흐름}에서 [〈참〉 이(가) 될 때까지 기다리기] 블록을 가져와 [보이기] 아래에 연결합니다. 〈참〉에 {인공지능}의 [마이크가 연결되었는가?] 블록을 끼워 넣습니다.

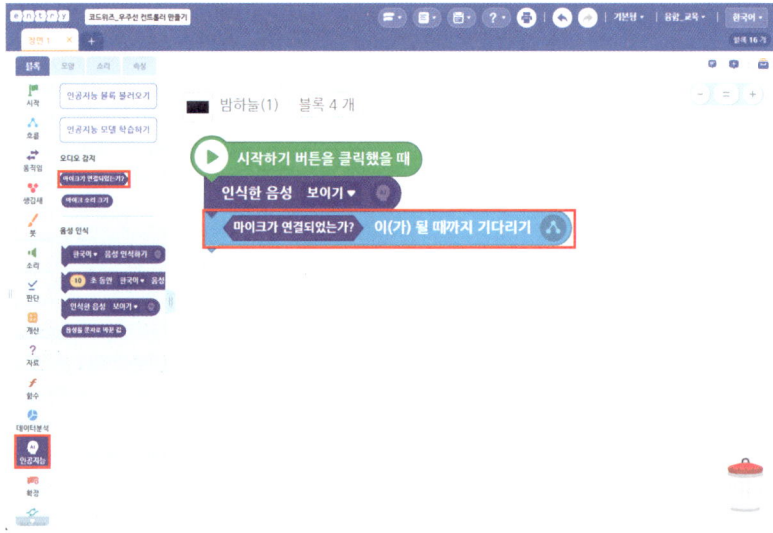

⑤ 마이크가 연결되었다면 반복해서 한국어 음성을 인식하도록 {흐름}의 [계속 반복하기] 블록을 [기다리기] 블록 아래에 연결하고 {인공지능}의 [한국어 음성 인식하기] 블록을 [계속 반복하기]에 끼워 넣습니다.

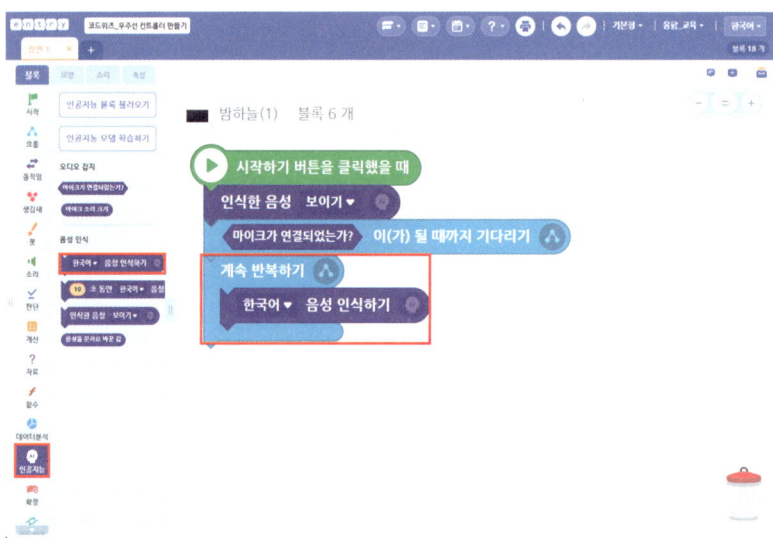

⑥ 인식된 음성이 '시작'인지 판단하기 위해 {흐름}에서 [만일 〈참〉 (이)라면 아니면] 블록을 가져와 [음성 인식하기] 블록 아래에 연결합니다. 〈참〉에 {판단}의 [10=10] 블록을 끼워 넣습니다.

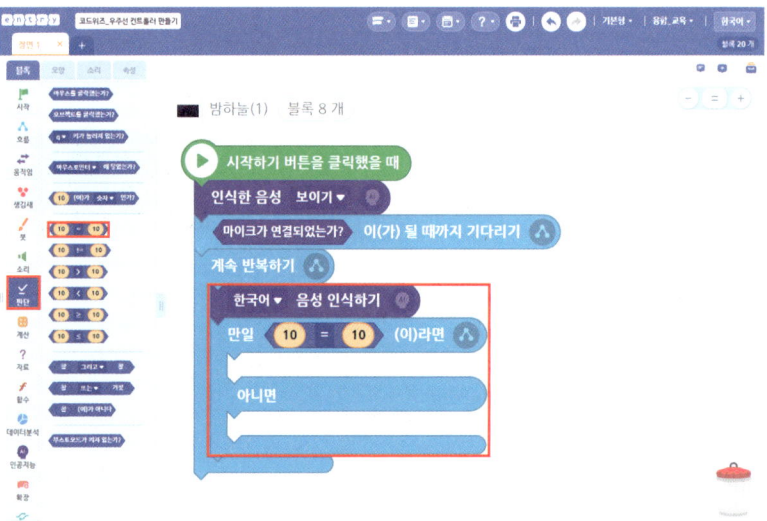

⑦ {인공지능}의 [음성을 문자로 바꾼 값] 블록을 [10=10] 블록 왼쪽에 끼워 넣고 오른쪽에 '시작'을 입력합니다.

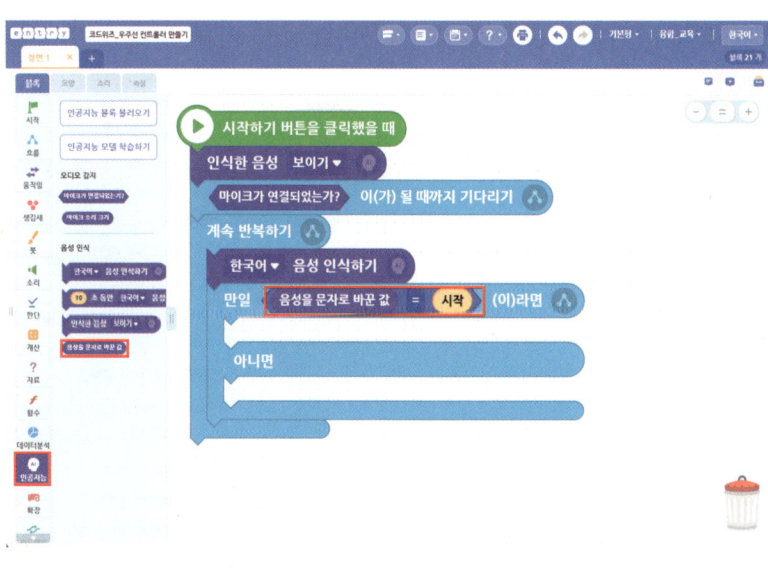

> **TIP**
> **음성 인식은 여러분들만의 "키워드"로 인식시켜주세요!**
> 음성인식의 경우 반드시 "시작"이라는 음성을 입력시키실 필요는 없습니다. 우주선 컨트롤러의 작동을 시작하기 위한 여러분들만의 "키워드"를 만들어 인식시켜보세요!

⑧ 인식된 음성이 '시작'이라면 시작 신호를 보내기 위해 [속성] 탭을 클릭합니다. [신호]를 선택한 후 ▢ 를 클릭합니다. 신호 이름으로 '시작'을 입력하고 ▢ 를 클릭합니다.

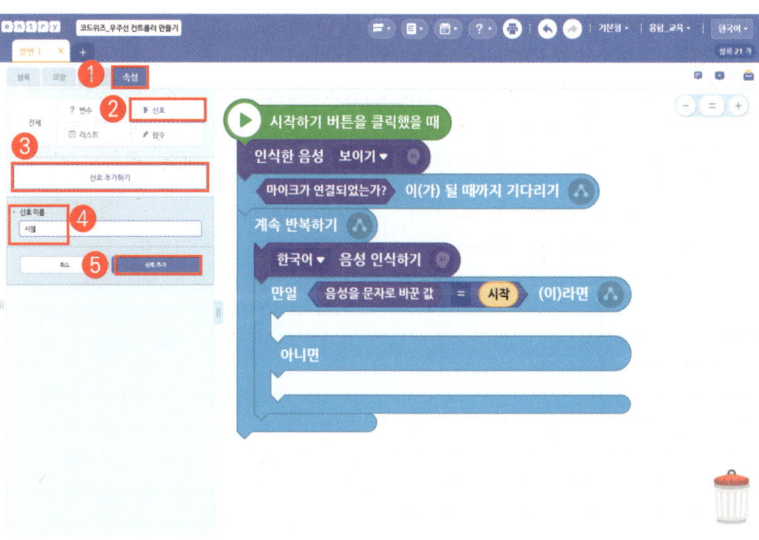

⑨ [블록] 탭을 클릭한 후 {시작}의 [시작 신호 보내기] 블록을 [(이)라면]에 끼워 넣습니다. 정상적으로 음성이 인식된 경우 음성인식을 종료하기 위해 {흐름}의 [반복 중단하기] 블록을 연결합니다.

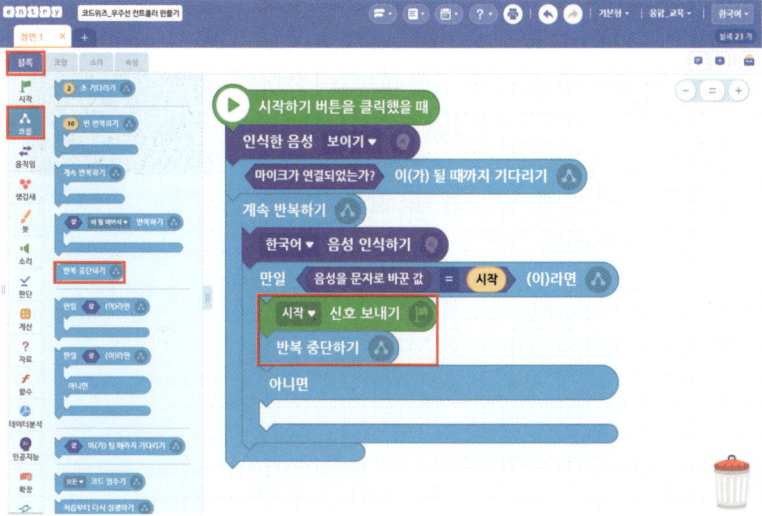

⑩ 음성이 정상적으로 인식되지 않으면 메시지를 말하도록 {생김새}에서 [안녕! 을(를) 4초 동안 말하기] 블록을 가져와 [아니면] 블록에 끼워 넣고 "시작을 다시 한번 정확히 외쳐주세요."를 입력합니다.

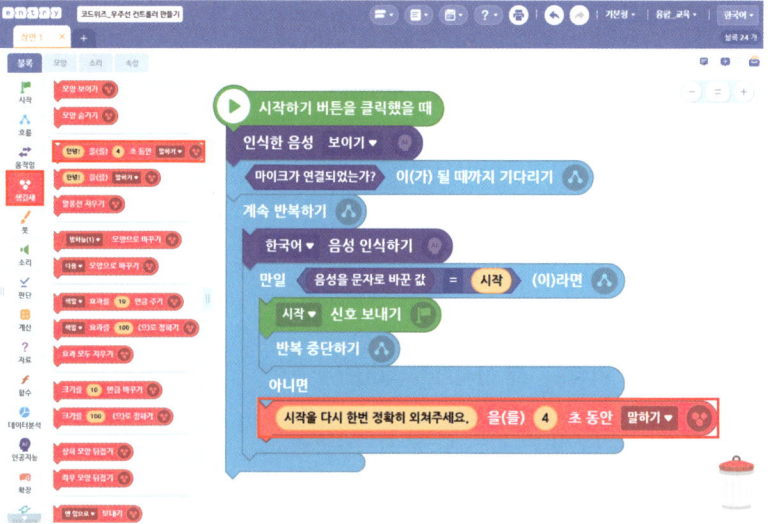

⑪ '우주선' 오브젝트를 선택합니다. 프로그램이 처음 실행되었을 때 우주선이 화면에 표시되지 않도록 [시작하기 버튼을 클릭했을 때] 블록 아래에 {생김새}의 [모양 숨기기] 블록을 연결합니다.

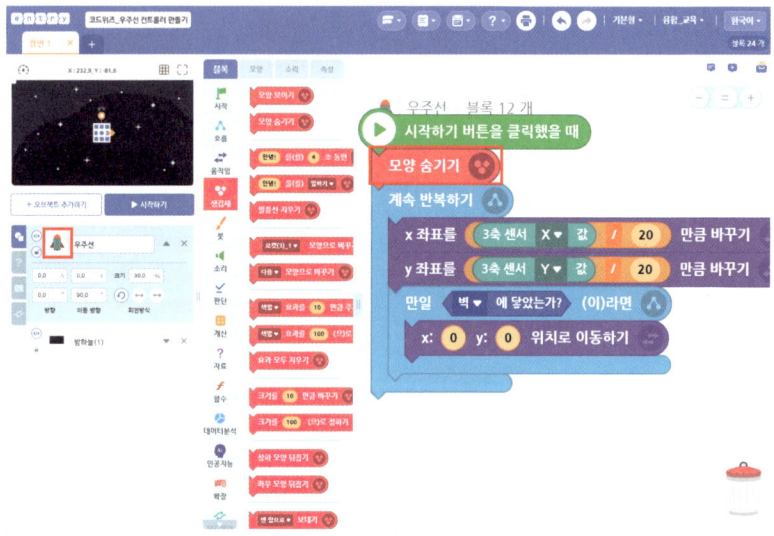

⑫ 시작 신호를 받으면 우주선이 화면에 보이고 움직이도록 {시작}의 [시작 신호를 받았을 때] 블록을 가져옵니다. {생김새}의 [모양 보이기] 블록을 연결한 후 [모양 보이기] 아래의 [계속 반복하기] 블록을 [시작 신호를 받았을 때] 블록 아래로 이동시킵니다.

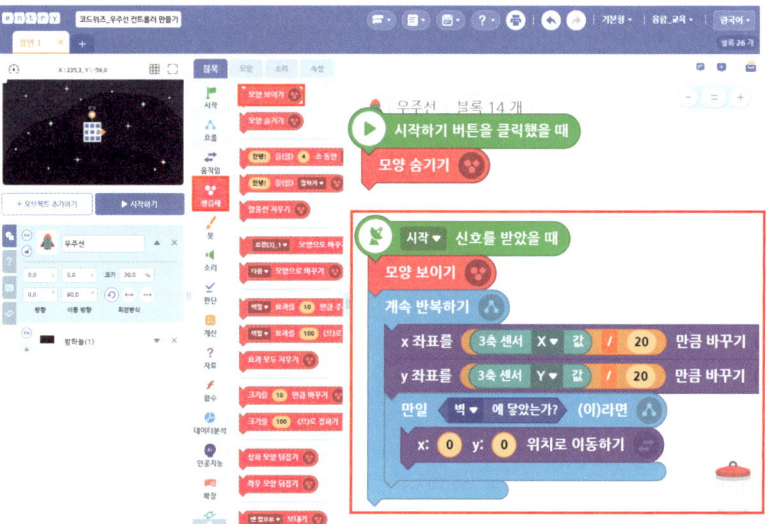

챕터6. 코드위즈로 우주선 컨트롤러 만들기

⑬ ▶시작하기 를 클릭합니다. 음성 인식을 위해 '마이크' 아이콘이 표시되면 '시작'을 말합니다. 정상적으로 음성이 인식되면 우주선 컨트롤러로 우주선이 제어되는 것을 확인할 수 있습니다.

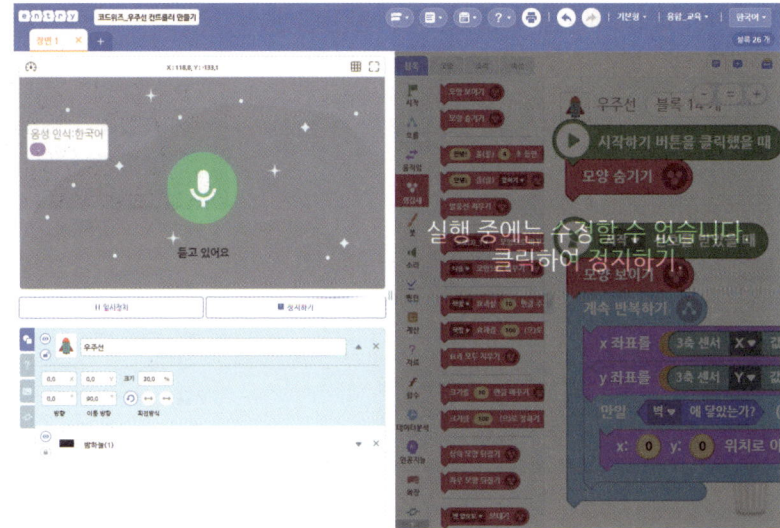

❖ 게임이 종료되면 "Game Over" 문구가 나타나도록 코딩하기

① + 오브젝트 추가하기 를 클릭합니다. [글상자]를 선택한 후 'Game Over'를 입력하고 추가하기 를 클릭합니다.

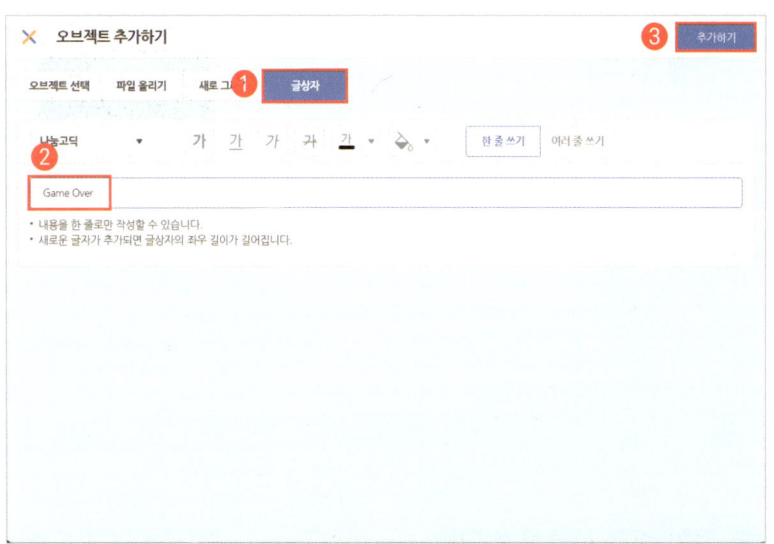

② 게임을 종료하는 신호를 추가하기 위해 [속성] 탭을 클릭합니다. [신호]를 선택한 후 신호추가하기 를 클릭합니다. 신호 이름으로 '게임 종료'를 입력한 후 신호 추가 를 클릭합니다.

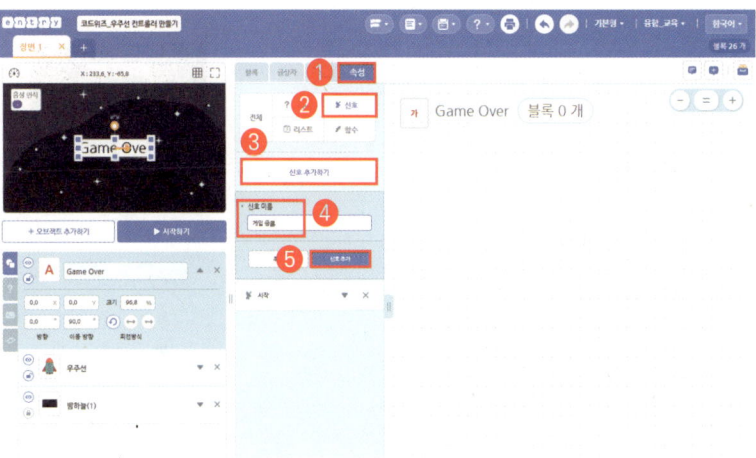

91

③ 처음 프로그램을 실행했을 때 실행화면에 표시되지 않도록 {시작}의 [시작하기 버튼을 클릭했을] 블록을 가져옵니다. {생김새}의 [모양 숨기기] 블록을 연결합니다.

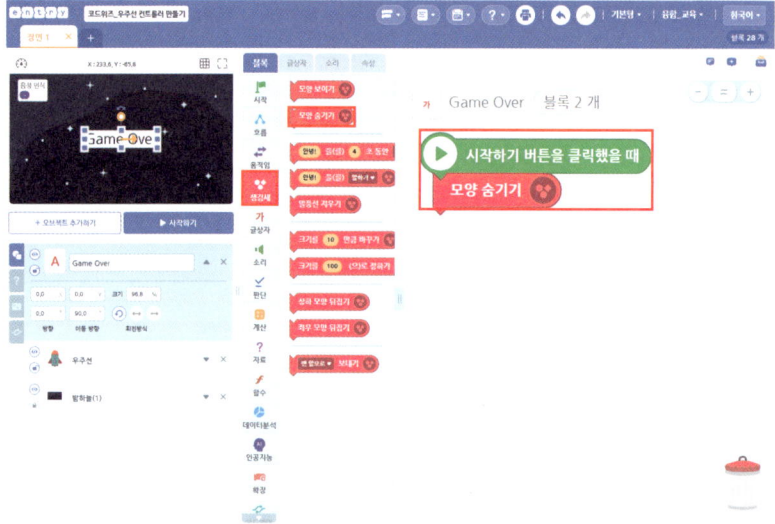

④ 게임이 시작될 때 시간 측정을 시작하도록 {시작}의 [시작 신호를 받았을 때] 블록에 {계산}의 [초시계 시작하기]를 연결합니다.

⑤ 게임 종료 신호를 받으면 'Game Over'를 표시하도록 {시작}의 [게임 종료 신호를 받았을 때] 블록에 {생김새}의 [모양 보이기] 블록을 가져와 연결합니다.

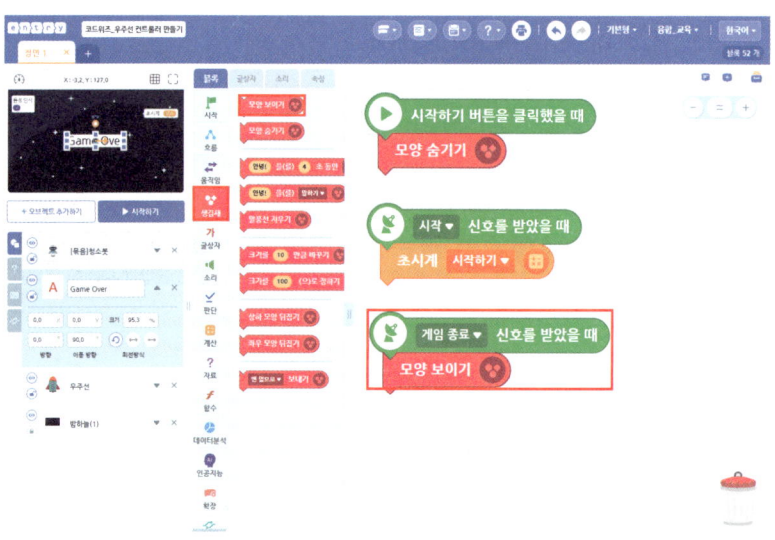

⑥ 게임이 끝나면 시간 측정을 멈춰 게임 실행 시간을 확인할 수 있도록 [보이기] 아래에 {계산}의 [초시계 시작하기], {흐름}의 [모든 코드 멈추기] 블록을 연결합니다. [초시계 시작하기]의 ▼을 클릭해 '정지하기'를 선택합니다.

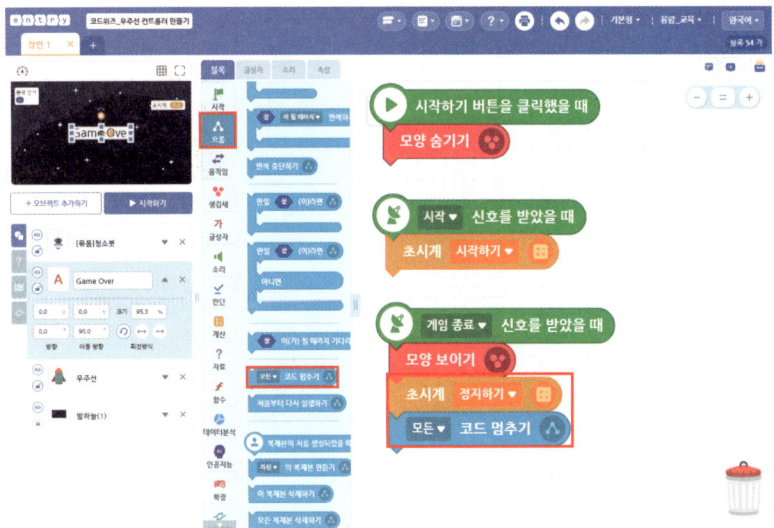

★ '청소봇' 오브젝트 코딩하기

① `+ 오브젝트 추가하기`를 클릭합니다. [물건] 카테고리에서 '[묶음]청소봇'을 클릭한 후 `추가하기`를 클릭합니다.

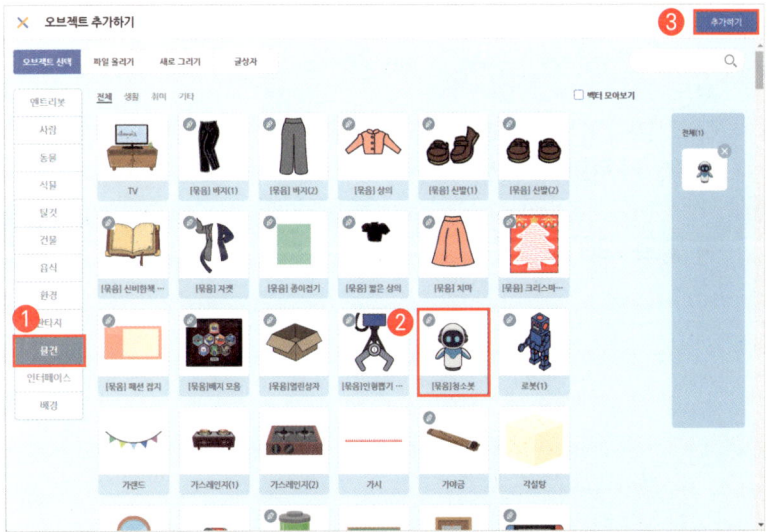

② [오브젝트] 창에서 '크기'를 '30%'로 지정합니다. 처음 프로그램을 실행했을 때 실행화면에 표시되지 않도록 {시작}의 [시작하기 버튼을 클릭했을 때] 블록을 가져옵니다. {생김새}의 [모양 숨기기] 블록을 연결합니다.

❸ 게임이 시작되면 0.5초 간격으로 복제하도록 {시작}의 [시작 신호를 받았을 때] 블록과 {흐름}의 [계속 반복하기] 블록을 연결한 후 [자신의 복제본 만들기], [2초 기다리기] 블록을 [반복하기]에 끼워 넣습니다. '0.5'를 입력합니다.

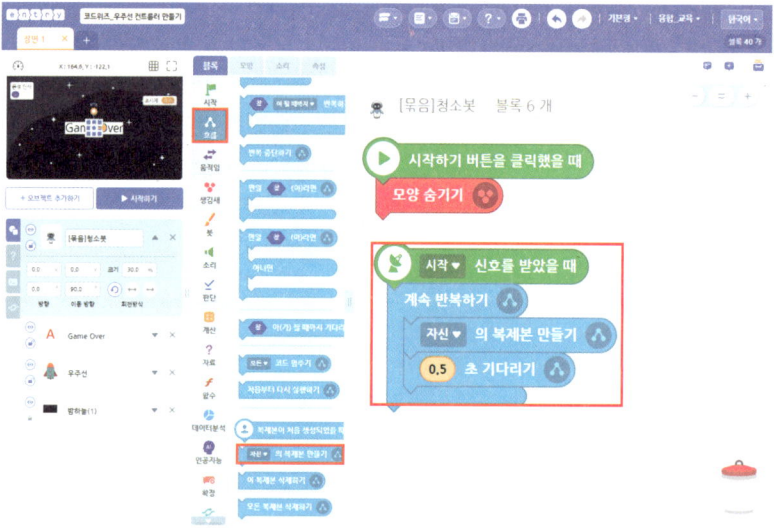

❹ 복제본을 실행화면에 표시하고 이동 방향을 지정하기 위해 {흐름}에서 [복제본이 처음 생성되었을 때] 블록을 가져온 후 {생김새}의 [모양 보이기], {움직임}의 [이동 방향을 90°(으)로 정하기]를 가져와 연결합니다. {계산}의 [0부터 10 사이의 무작위 수] 블록을 끼워 넣고 '90'과 '270'을 입력합니다.

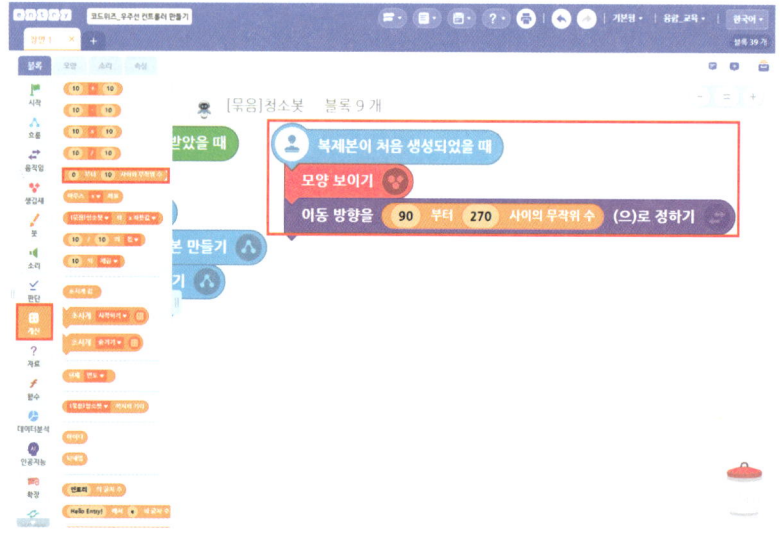

❺ 이동 방향이 정해지면 임의의 위치로 이동하도록 {움직임}의 [x:0 y:0 위치로 이동하기]를 [정하기] 아래에 연결한 후 x에 [0부터 10사이의 무작위 수]를 끼워 넣고 '-230', '230'을 입력합니다. y에는 '120'을 입력합니다.

챕터6. 코드위즈로 우주선 컨트롤러 만들기

❻ 지정된 위치에서 이동 방향으로 서서히 움직이도록 {흐름}의 [계속 반복하기] 블록을 아래에 연결합니다. {움직임}의 [이동 방향으로 10만큼 움직이기] 블록을 끼워 넣고 '1'을 입력합니다.

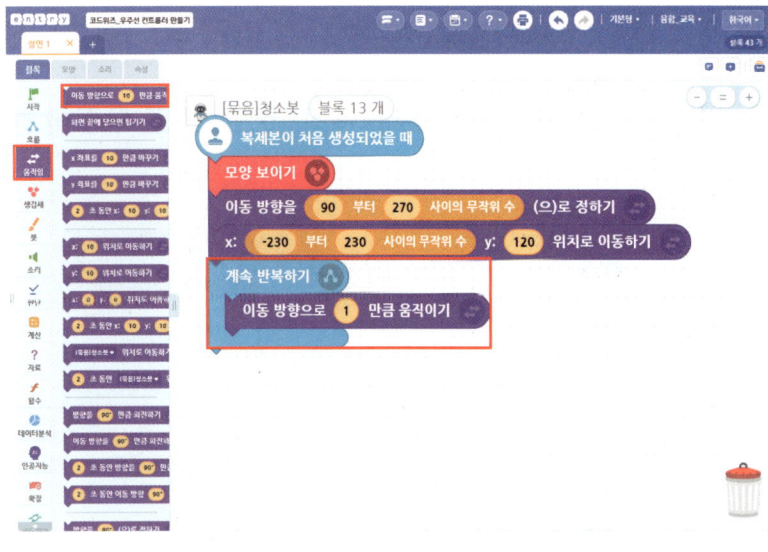

❼ 청소봇 오브젝트가 이동 중 벽에 닿으면 삭제되도록 {흐름}의 [만일 〈참〉 (이)라면] 블록을 [움직이기] 아래에 연결합니다. {판단}의 [마우스포인터에 닿았는가?] 블록을 〈참〉에 끼워넣고 ▼을 눌러 '벽'을 선택합니다. [이 복제본 삭제하기]를 끼워 넣습니다.

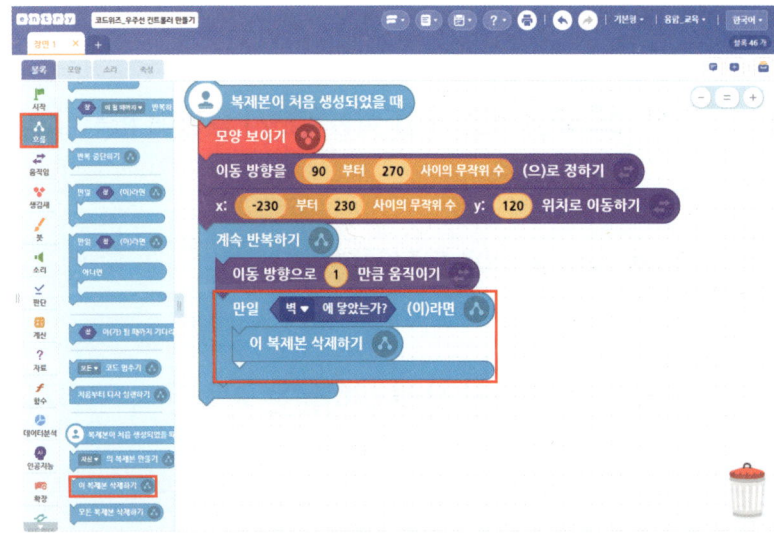

❽ 우주선에 닿으면 게임 종료 신호를 보내도록 [만일 〈참〉 (이)라면] 블록을 아래에 연결합니다. [마우스포인터에 닿았는가?] 블록을 〈참〉에 끼워넣고 '우주선'을 선택합니다. {시작}의 [게임 종료 신호 보내기] 블록을 끼워 넣습니다.

95

활동4 우주선을 컨트롤하여 비행 유닛을 피하는 게임하기

● 영상을 보고 AI 메이커 스케치북과 코드위즈로 우주선 컨트롤러 게임기를 만들어 봅시다.

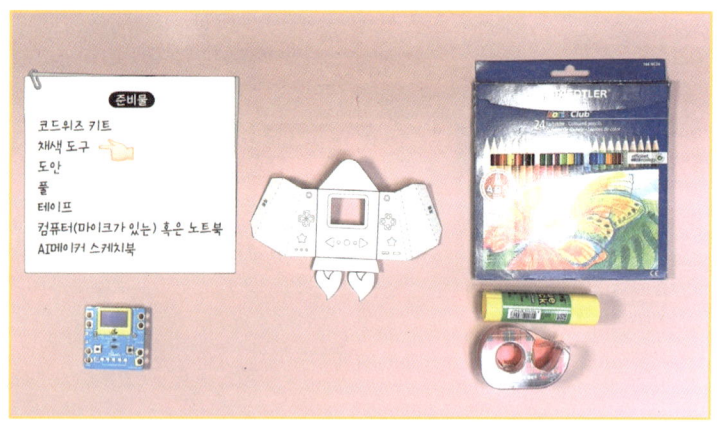

QR 코드를 스마트폰으로 찍어보아요!

● 우주선 컨트롤러 게임이 잘 작동되는지 실행해 봅시다.

30초 살아남기에 도전해봅시다.

우리 반에서 가장 오래 살아남는 사람은 누구인지 겨루어 봅시다.

추가활동

● 코드를 수정해서 게임 난이도를 높여 봅시다.

전체 코드

★ '우주선' 코드

```
시작하기 버튼을 클릭했을 때
모양 숨기기

시작▼ 신호를 받았을 때
모양 보이기
계속 반복하기
  x 좌표를 (3축 센서 X▼ 값) / 20 만큼 바꾸기
  y 좌표를 (3축 센서 Y▼ 값) / 20 만큼 바꾸기
  만일 <벽▼ 에 닿았는가?> (이)라면
    x: 0 y: 0 위치로 이동하기
```

★ '밤하늘(1)' 코드

```
시작하기 버튼을 클릭했을 때
인식한 음성 보이기▼
<마이크가 연결되었는가?> 이(가) 될 때까지 기다리기
계속 반복하기
  한국어▼ 음성 인식하기
  만일 <음성을 문자로 바꾼 값 = 시작> (이)라면
    시작▼ 신호 보내기
    반복 중단하기
  아니면
    (시작을 다시 한번 정확히 외쳐주세요.) 을(를) 4 초 동안 말하기▼
```

★ 'Game Over' 코드

```
시작하기 버튼을 클릭했을 때
모양 숨기기

시작▼ 신호를 받았을 때
초시계 시작하기▼

게임 종료▼ 신호를 받았을 때
모양 보이기
초시계 정지하기▼
모든▼ 코드 멈추기
```

★ '청소봇' 코드

```
시작하기 버튼을 클릭했을 때
모양 숨기기

시작▼ 신호를 받았을 때
계속 반복하기
  자신▼ 의 복제본 만들기
  0.5 초 기다리기

복제본이 처음 생성되었을 때
모양 보이기
이동 방향을 90 부터 270 사이의 무작위 수 (으)로 정하기
x: -230 부터 230 사이의 무작위 수 y: 120 위치로 이동하기
계속 반복하기
  이동 방향으로 1 만큼 움직이기
  만일 <벽▼ 에 닿았는가?> (이)라면
    이 복제본 삭제하기
  만일 <우주선▼ 에 닿았는가?> (이)라면
    게임 종료▼ 신호 보내기
```

07 코드위즈로 AI 전자 드럼 만들기

◆ 1차시 학습 목표
거리 센서와 컬러 센서를 활용하여 전자 드럼 코딩을 할 수 있다.

◆ 2차시 학습 목표
AI 이미지 모델 기능으로 프로그래밍하고, 'AI 전자 드럼'을 만들 수 있다.

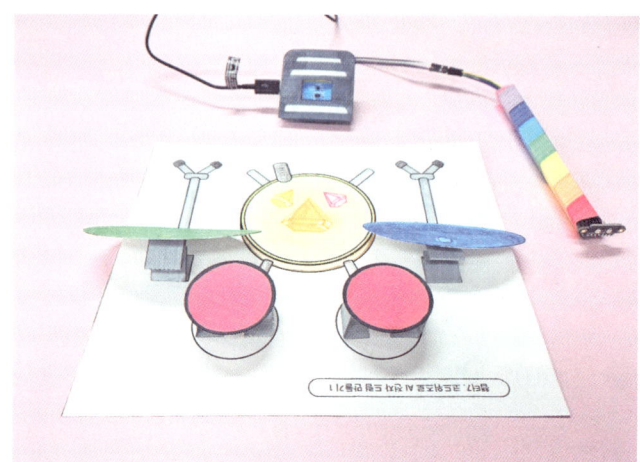

활동
1. 거리 센서와 컬러 센서를 알아보고 연결하기
2. 전자 드럼 코딩하기
3. AI 이미지 모델 기능 적용하기
4. AI 전자 드럼을 만들고 기타 루프와 합주하기

〈수업자료PPT〉
https://bit.ly/4a7GAR4

◆ 준비물
1. 풀, 가위, 테이프, 색칠도구
2. 코드위즈, 컬러 센서, 익스텐션 보드, 듀폰 케이블(암암), 듀폰 케이블(암수)
3. AI 메이커 스케치북 도안편
4. 카메라가 되는 PC 혹은 노트북

챕터 7. 코드위즈로 AI 전자 드럼 만들기

들어가기

- 영상을 보고 아래의 질문에 답해 봅시다.

"2018 평창 동계 패럴림픽 폐회식 무대"

2018 평창 동계 패럴림픽은 역대 동계 패럴림픽 사상 최대 규모인 49개국에서 567명의 선수가 참가했던 아주 큰 축제였다.

2018 평창 동계 패럴림픽를 마무리하는 폐회식에 우리나라의 시각장애인과 비장애인으로 구성된 '배희관 밴드'가 멋진 공연을 펼쳤다. '배희관 밴드'는 올림픽 위원회에서 직접 섭외 요청을 받을 정도로 실력이 대단한 밴드다. 이 날 '배희관 밴드'는 '존재감'이라는 자작곡을 멋지게 공연했다.

QR 코드를 스마트폰으로 찍어보아요!

- 영상 속 무대의 종류와 사람들이 축제에서 무엇을 했는지 적어봅시다.

영상 속 무대의 종류 :

영상 속 무대에 등장한 악기 이름 :

오늘 해결할 문제!

우리 반 친구들도 학예회때
멋진 밴드 공연을 준비하려해요!
그런데 악기를 쉽게 구할 수가 없네요 ㅠ.ㅠ
특히 가장 큰 '드럼'은
구하기가 쉽지가 않아요...
인공지능으로 **밴드 합주**를 해주는
AI 전자 드럼을 코드위즈로 만들어볼까요?

활동 1 거리 센서와 컬러 센서를 알아보고 연결하기

❋ 코드위즈 속 '거리 센서'를 알아봅시다.

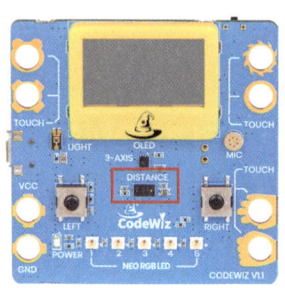

거리 센서(DISTANCE)

- 코드위즈에는 중앙에 거리 센서(DISTANCE)가 부착되어 있어요.

- (   ) 센서는 물체와의 거리를 측정하여 mm단위로 알려줍니다. 최대 2M까지 거리 측정이 가능합니다.

- (   ) 센서는 자동차 주차 보조 시스템, 자동문, 스마트폰 등 우리 생활 속에서 다양하게 사용되고 있어요!

❋ 코드위즈에 연결하는 '컬러 센서'를 알아봅시다.

컬러 센서

- (   )는 색을 감지하는 센서를 뜻합니다.

- 물체에 (   )을 비춘 후 반사되는 (   )을 이용하여 (   )의 삼원색인 빨강, 파랑 초록의 파장을 감지합니다.

- (   ), (   ), (   ), 검정, 흰색을 인식할 수 있습니다.

❋ 코드위즈에 '익스텐션 보드와 컬러 센서'를 연결해봅시다.

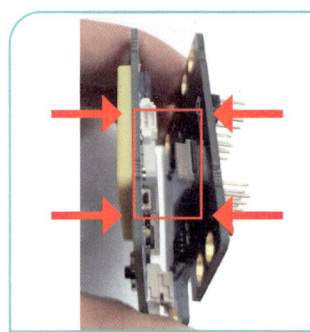

1. 코드위즈 보드 뒷면과 익스텐션 보드 뒷면 연결

※ ③에는 케이블을 연결하지 않습니다.

2. 컬러 센서 (VIN,GND, SCL,SDA)에 암수 듀폰 케이블 연결

듀폰 케이블(암수)

듀폰 케이블(암암)

3. 컬러 센서에 연결한 암수 듀폰 케이블을 암암 듀폰 케이블에 연결

4. 암암 듀폰 케이블을 익스텐션 보드의 I2C 핀에 연결
(5V-① GND-② SCL-④, SDA-⑤)

챕터 7. 코드위즈로 AI 전자 드럼 만들기

활동 2   전자 드럼 코딩하기

★ 전자 드럼을 코딩해봅시다.

① 전자 드럼 코드에 활용될 소리를 추가하기 위해 [소리] 탭을 선택한 후 소리 추가하기 를 클릭합니다.

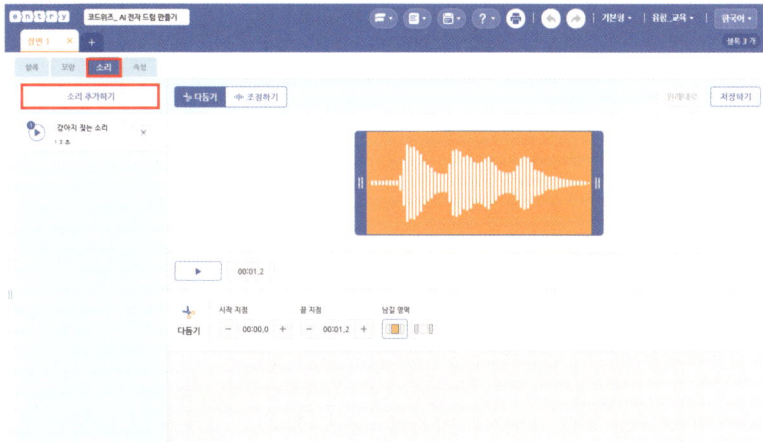

② [악기] 카테고리를 선택한 후 [드럼]에서 '드럼 두구두구' '라이드 심벌', '열린 하이햇(치)', '큰 탐탐'을 선택합니다.

> **TIP**
> **악기 소리 선택이 잘되지 않나요?**
> 재생 버튼 모양이 아닌 소리 이름 쪽을 눌러야 선택이 잘 됩니다.

> **TIP**
> **라이드 심벌, 열린 하이햇, 큰 탐탐**
> 라이드 심벌은 금속으로 되어 있는 심벌 중에서 가장 크고 두께가 두꺼운 악기입니다. 열린 하이햇은 심벌을 연 상태로 연주해서 내는 소리입니다. 큰 탐탐은 원통형의 드럼 악기 입니다.

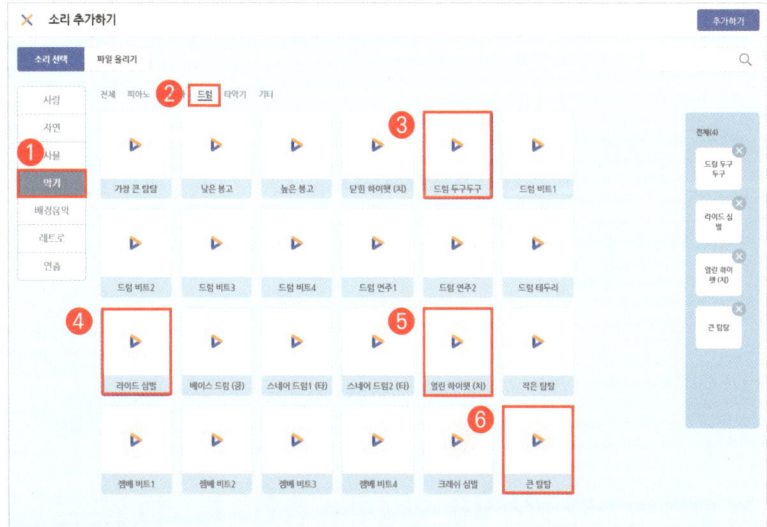

③ [기타]를 선택한 후 '기타 루프1'을 선택하고, 추가하기 를 클릭합니다.

> **TIP**
> **기타 루프란?**
> 루프는, '반복 플레이되는 구절'을 의미합니다. 악기 연주나 리듬을 녹음하여 장치에 저장한 후, 반복 재생하면서 즉흥 연주를 할 수 있게 해 줍니다. 이를 통해 연주자는 혼자 연주할 때도 멋진 연주를 할 수 있습니다. 기타 루프는, 기타 연주자가 주로 사용하는 루프입니다.

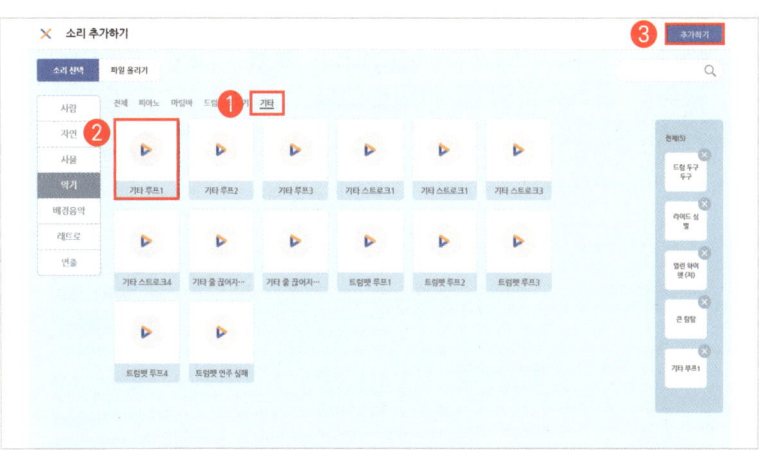

④ 소리 목록에 선택한 소리가 모두 추가되었는지 확인합니다. '강아지 짖는 소리'를 삭제한 후 [블록] 탭을 클릭합니다.

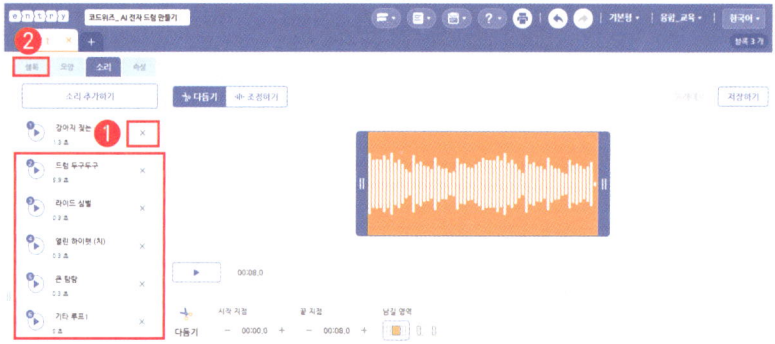

⑤ {시작}의 [시작하기 버튼을 클릭했을 때] 블록과 {흐름}의 [계속 반복하기] 블록을 가져와 연결합니다.

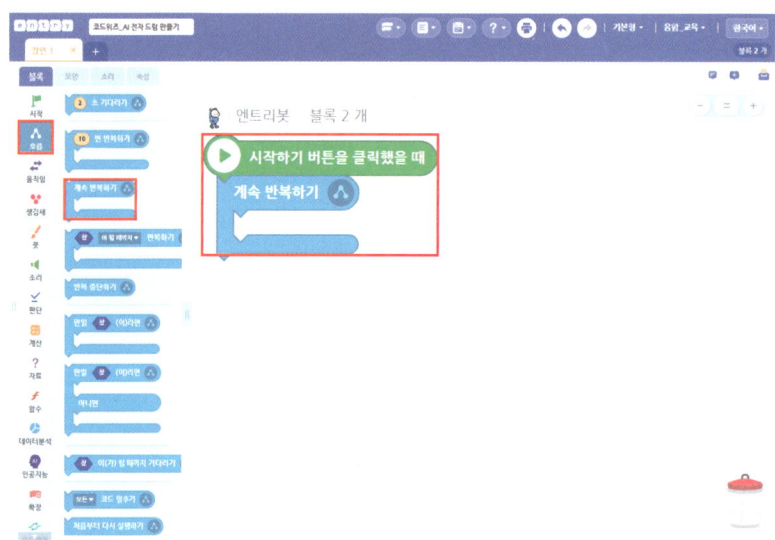

⑥ 컬러 센서가 빨간색을 인식하는 동안 소리를 재생하기 위해 {흐름}에서 [〈참〉이 될 때까지 반복하기] 블록을 가져와 [계속 반복하기]에 끼워 넣습니다. ▼을 클릭한 후 '인 동안'을 선택합니다.

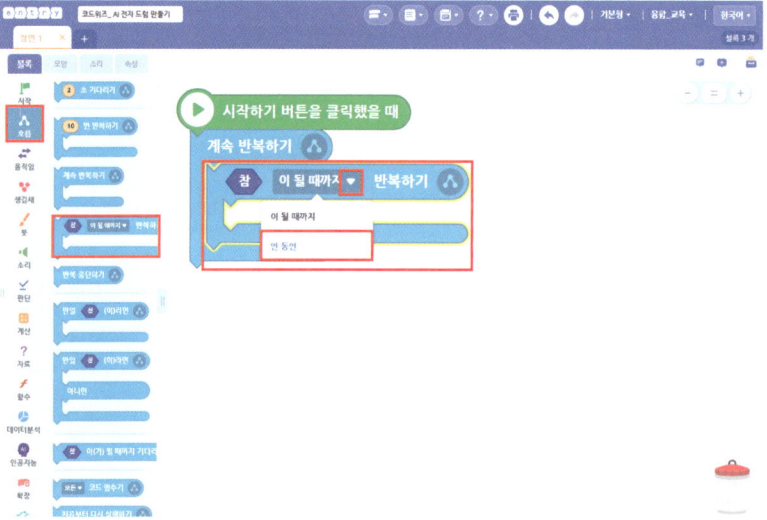

챕터 7. 코드위즈로 AI 전자 드럼 만들기

⑦ 컬러 센서가 빨간색을 인식하였는지를 판단하도록 {하드웨어}의 [MCON 컬러 센서 감지된 색이 빨강인가] 블록을 〈참〉에 끼워 넣습니다.

⑧ 빨간색이 인식되는 동안 '큰 탐탐' 소리를 재생하기 위해 {소리}에서 [소리 드럼 두구두구 재생하고 기다리기]를 가져와 [인 동안 반복하기]에 끼워 넣습니다. ▼를 클릭한 후 '큰 탐탐'을 선택합니다.

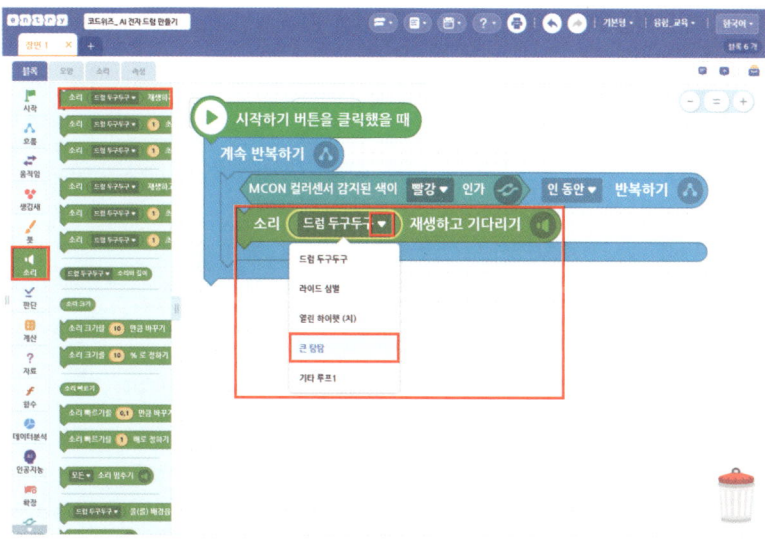

⑨ 파란색과 초록색이 인식되는 동안 '라이드 심벌', '열린 하이햇(치)' 소리를 재생하기 위해 {흐름}의 [〈참〉이 될 때까지 반복하기] 블록 2개를 가져와 [반복하기] 아래에 연결합니다. ▼을 클릭한 후 '인 동안'을 선택합니다.

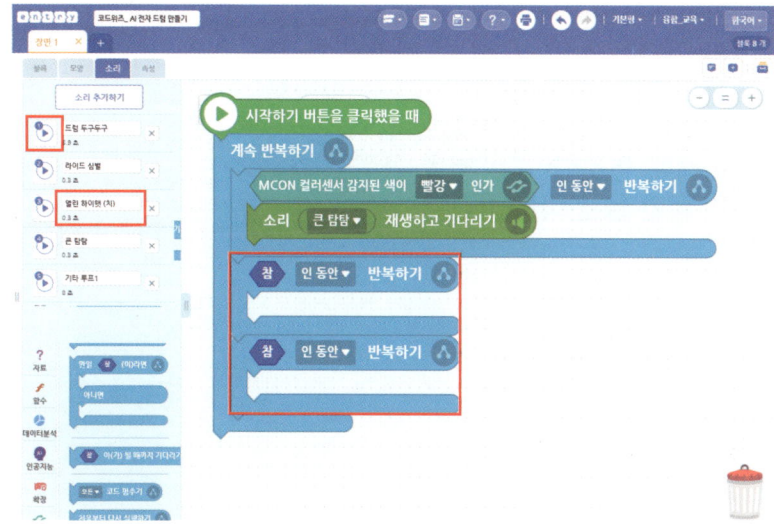

TIP

코드 복사 & 붙여넣기

같은 형태의 블록을 똑같이 만들 때는, 코드 복사 & 붙여넣기를 사용할 수 있어요! 똑같이 만들 코드를 마우스 오른쪽 버튼으로 클릭하고 [코드 복사 & 붙여넣기]를 클릭해주세요.

⑩ {하드웨어}의 [MCON 컬러 센서 감지된 색이 빨강인가] 블록을 2개 가져와 〈참〉에 끼워 넣습니다. ▼을 클릭한 후 '파랑'과 '초록'을 선택합니다.

⑪ 파란색이 인식되는 동안 '라이드 심벌', 초록색이 인식되는 동안 '열린 하이햇(치)'가 재생되도록 {소리}에서 [소리 드럼 두구두구 재생하고 기다리기]를 가져와 [~인 동안 반복하기]에 각각 끼워 넣습니다. ▼을 클릭한 후 '라이드 심벌'과 '열린 하이햇(치)'를 선택합니다.

⑫ 코드위즈의 거리 센서에 인식된 거리가 가까운 동안 '드럼 두구두구'가 재생되도록 {흐름}의 [〈참〉이 될 때까지 반복하기] 블록을 가져와 [반복하기] 아래에 연결합니다. ▼을 클릭한 후 '인 동안'을 선택합니다.

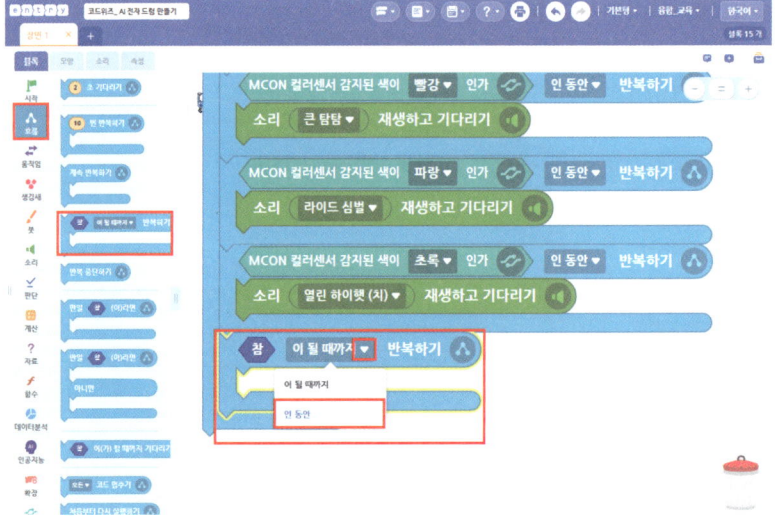

⑬ 거리 센서가 거리를 판단하기 위해 {판단}의 [10<10] 블록을 가져와 <참>에 끼워 넣습니다. {하드웨어}의 [소리 센서 값] 블록을 [10<10] 블록 왼쪽에 끼워 넣고 ▼을 클릭하여 '거리'를 선택합니다. [10<10] 블록 오른쪽에 '50'을 입력합니다.

> **TIP**
>
> **거리 센서 값**
> 코드위즈의 거리 센서와 사물의 위치가 가까워 질수록 거리 센서 인식값이 작아집니다. 숫자 '50'은 나중에 코드위즈가 인식하는 거리 센서 값을 확인하며 수정할 수 있습니다.

⑭ {소리}의 [소리 드럼 두구두구 재생하고 기다리기]를 가져와 [거리 센서 값 <50 인 동안 반복하기]에 끼워넣습니다

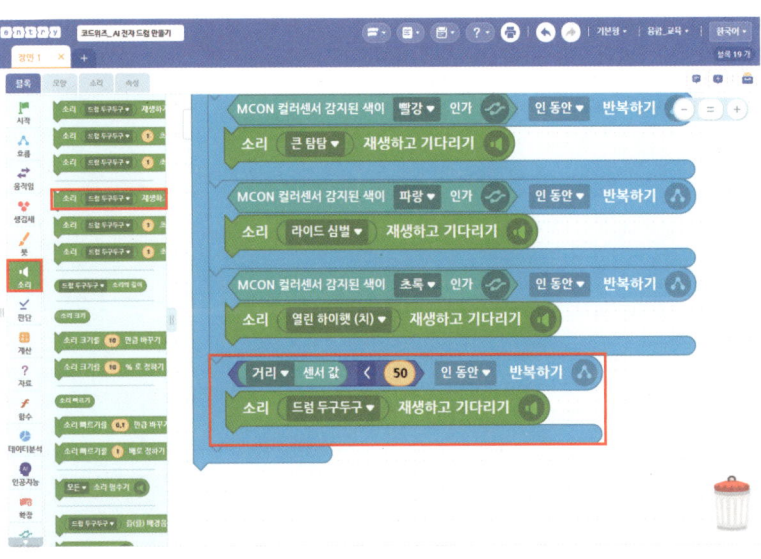

⑮ 프로그램을 실행하는 동안 측정된 거리값을 실행화면에 표시하도록 {시작}의 [시작하기 버튼을 클릭했을 때] 블록과 {흐름}의 [계속 반복하기] 블록을 가져와 연결합니다.

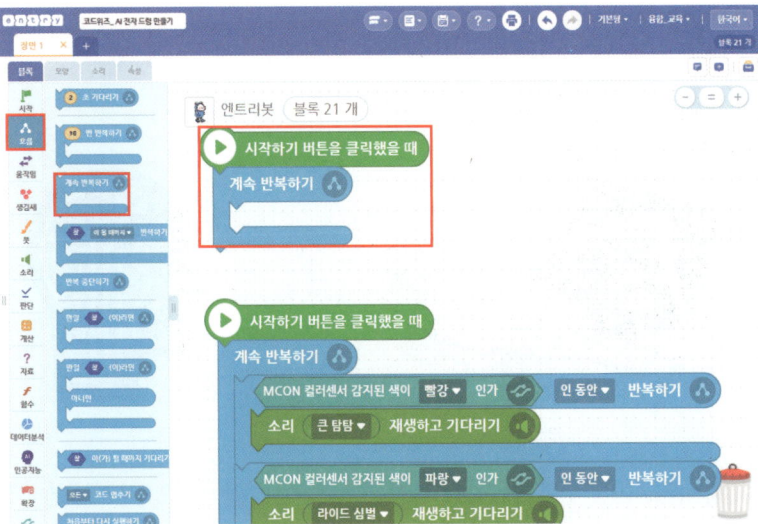

⑯ {생김새}의 [안녕! 을(를) 말하기] 블록을 가져와 [계속 반복하기]에 끼워 넣습니다. {하드웨어}의 [소리 센서 값] 블록을 [안녕! 을(를) 말하기] 블록에 끼워 넣고 ▼을 클릭한 후 '거리'를 선택합니다.

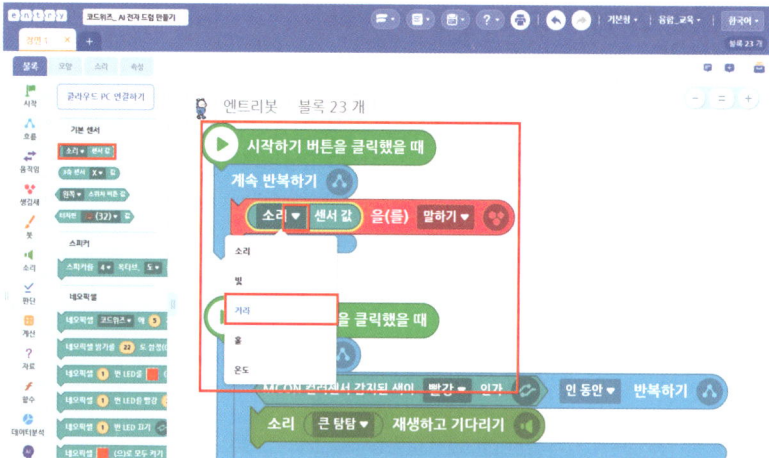

⑰ ▶시작하기 를 클릭한 후 컬러 센서를 '빨강', '파랑', '초록색' 물체에 대보고 소리가 나는지 확인합니다. 코드위즈 거리 센서에 손가락을 대면 소리가 나는지도 확인해봅시다.

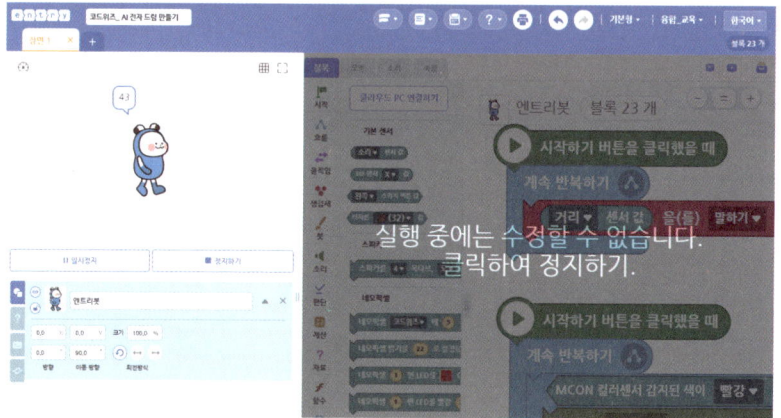

> **TIP**
> **엔트리봇이 말하는 숫자는?**
> 엔트리봇이 거리 센서로 인식한 값을 말하도록 코딩했어요! '드럼 두구두구' 소리가 재생되지 않는다면 엔트리봇이 말하는 숫자를 보며, '거리센서 값<50'의 숫자를 수정해보면 어떨까요?

> **TIP**
> **컬러 센서가 인식을 하지 않아요!**
> 컬러 센서가 코드위즈와 연결이 되었다면 하얀색 빛이 나와요! 하얀색 빛이 나오지 않는다면 컬러 센서 연결을 다시 해볼까요?
> 컬러 센서는 빛을 반사하여 인식합니다. 빛을 잘 반사하는 재료로 된 색연필을 이면지에 칠해 본 뒤, 테스트를 한다면 인식이 잘 됩니다.

활동3 AI 이미지 모델 기능 적용하기

⭐ 인공지능은 어떻게 이미지를 학습하여 인식할 수 있는 걸까요?

여러가지 (   )을 입력하면

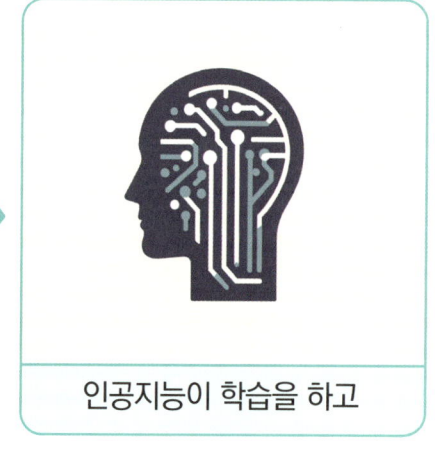

인공지능이 학습을 하고

데이터와 비교해 이미지를 (   )하죠!

챕터 7. 코드위즈로 AI 전자 드럼 만들기

⭐ 엔트리 속 '이미지 모델' 기능을 알아봅시다.

이미지 모델

- 엔트리 속 (　　　) 기능은 카메라를 이용하여 특정 사물의 이미지를 학습하는 기능이에요.
- '이미지'를 입력하면 학습한 모델에 따라 '이미지'를 분류하여 판단할 수 있어요.

⭐ 인공지능 블록으로 이미지 모델 기능을 추가해봅시다.

① {인공지능}에서 [인공지능 모델 학습하기]를 클릭합니다.

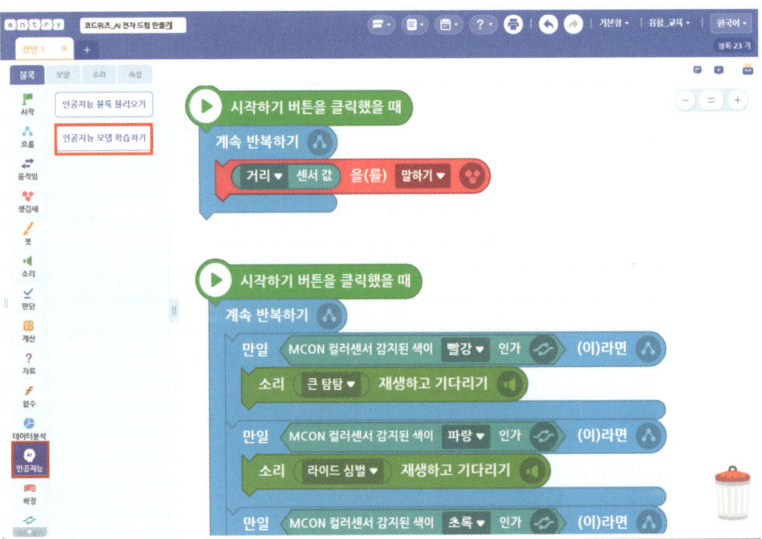

② [분류:이미지]를 선택한 후 오른쪽 위의 [학습하기]를 클릭합니다

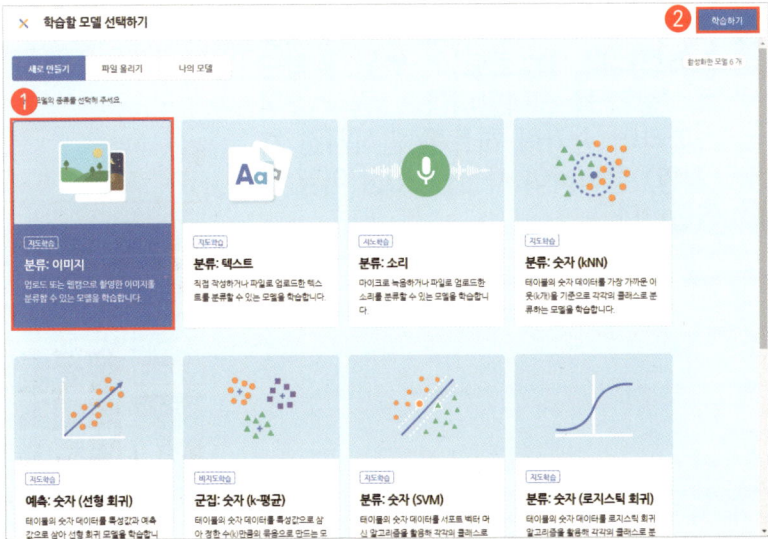

107

③ [데이터 입력]에서 '클래스1' 입력란에 '드럼스틱'을 입력합니다. [업로드]의 ▼를 클릭한 후 '촬영'을 선택합니다.

④ 그림과 같이 컬러 센서를 카메라에 인식시킨 후 📷 클릭하여 사진을 30장 이상 촬영합니다.

> **TIP**
> **이미지 업로드 주의사항**
> 인공지능이 학습을 하기 위한 이미지입니다. 이미지는 대상을 인식할 수 있는 올바른 이미지여야 학습을 제대로 할 수 있어요! 또 제시되는 이미지가 많을수록 인공지능이 학습을 많이 할 수 있답니다.

> **TIP**
> **드럼스틱=컬러 센서**
> 컬러 센서는 AI 전자 드럼의 드럼 스틱 역할을 할거에요. 드럼 스틱으로 바뀔 컬러 센서의 사진을 촬영해보도록 합시다.

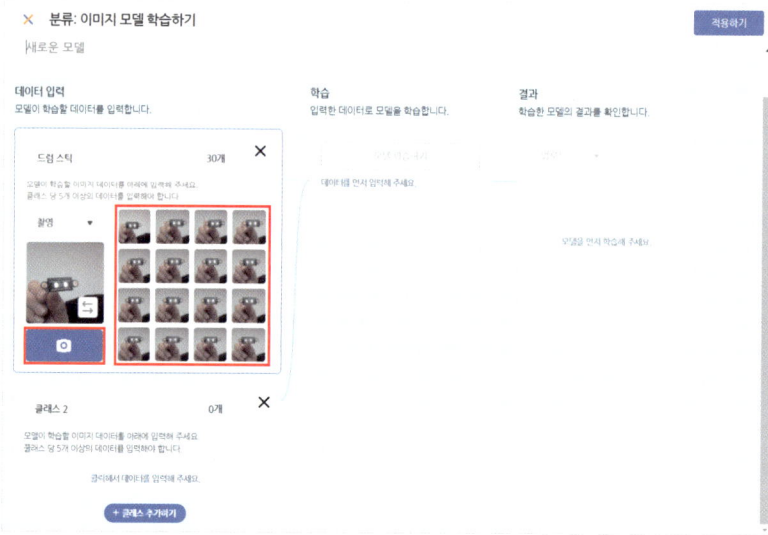

⑤ '클래스2' 입력란에 '손가락 하트'를 입력합니다. [업로드]의 ▼를 클릭한 후 '촬영'을 선택합니다. 그림과 같이 카메라에 손가락 하트를 인식시킨 후 〈촬영〉 클릭하여 사진을 30장 이상 촬영합니다.

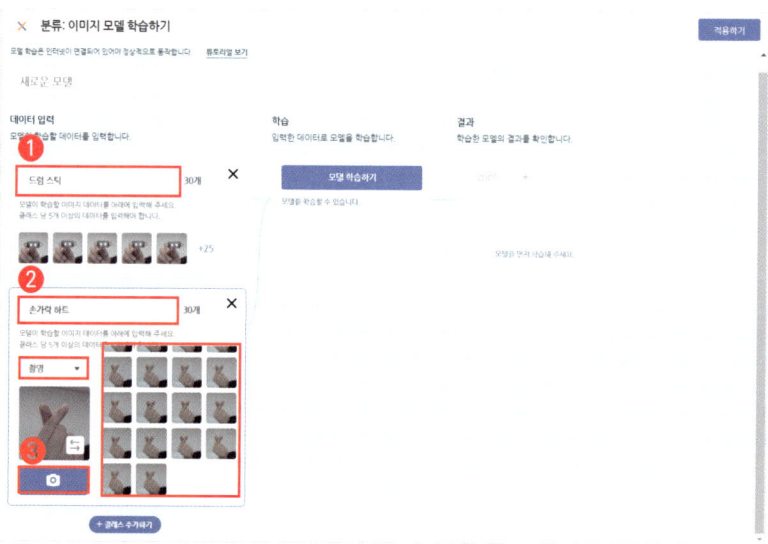

챕터 7. 코드위즈로 AI 전자 드럼 만들기

⑥ 촬영한 사진을 학습시키기 위해 모델 학습하기 를 클릭합니다. 모델 학습이 완료되면 적용하기 버튼을 클릭합니다.

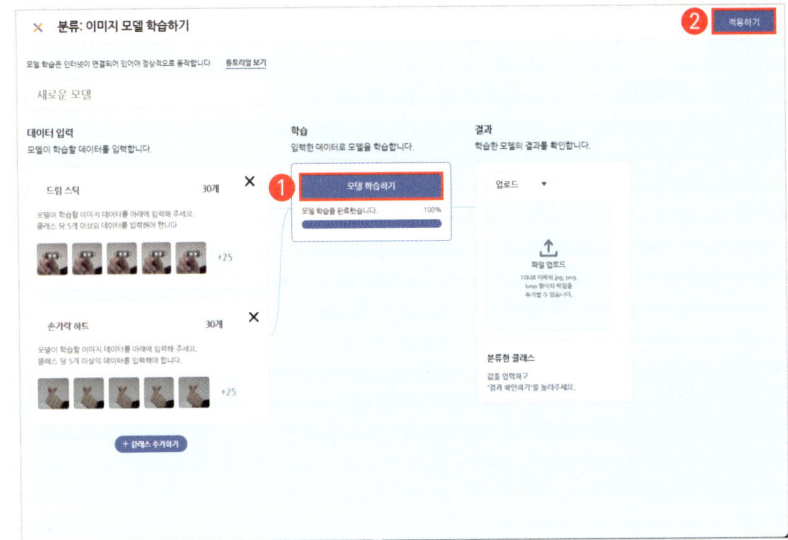

더 알아보기

학습한 모델 결과 확인

[결과]에서 ▼를 클릭한 후 '업로드'를 '촬영'으로 바꾸고 카메라에 컬러 센서와 손가락 하트를 인식시켜 봅시다. 드럼 스틱과 손가락 하트로 제대로 구분하는지 확인할 수 있어요! 결과가 정확하지 않다면 올바른 사진으로 재촬영해서 다시 학습해볼까요?

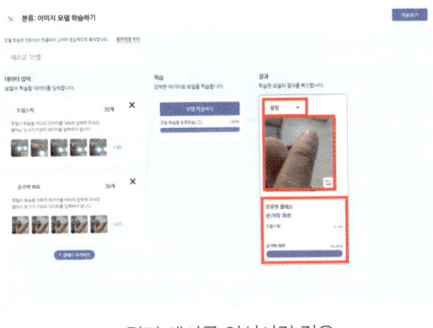
▲ 컬러 센서를 인식시킨 경우

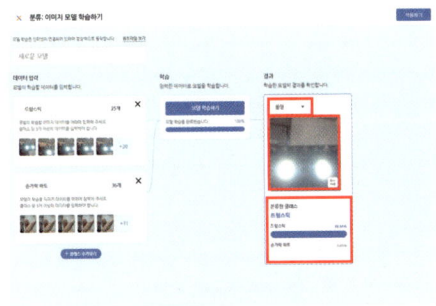
▲ 손가락 하트를 인식시킨 경우

⑦ 스페이스키를 눌렀을 때 모델을 분류할 수 있도록 {시작}의 [q키를 눌렀을 때]를 블록을 가져옵니다. ▼를 클릭한 후 'q키'를 '스페이스'로 바꿉니다. {인공지능}의 [학습한 모델로 분류하기] 블록을 연결합니다.

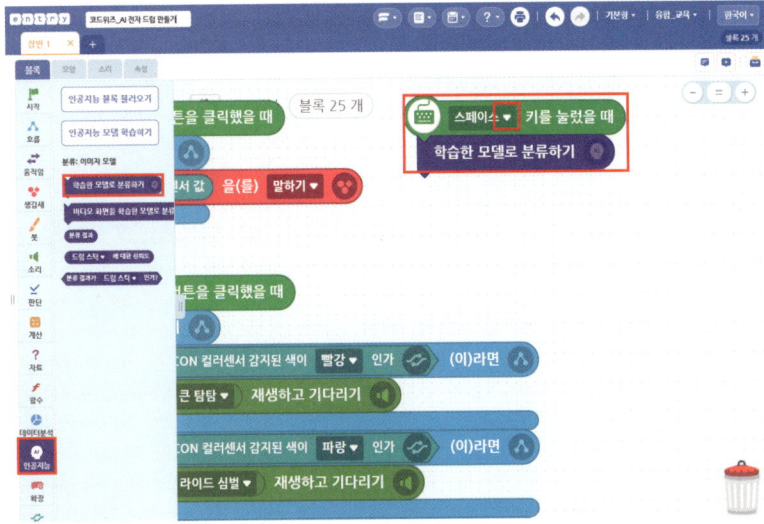

⑧ {흐름}의 [계속 반복하기]와 [〈참〉이 될 때까지 반복하기] 블록을 삽입한 후 ▼를 클릭하여 '인 동안'을 선택합니다. {인공지능}의 [분류 결과가 드럼스틱인가?] 블록을 〈참〉에 끼워 넣습니다.

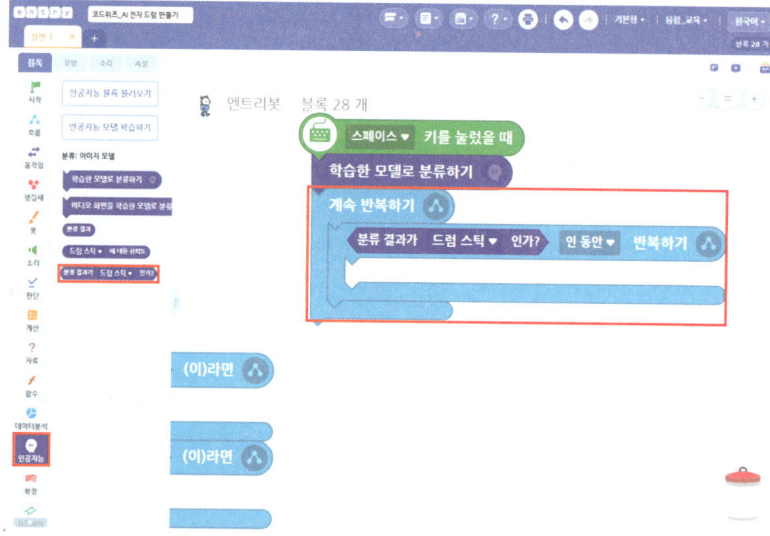

⑨ 드럼 스틱이 인식되는 동안 기타소리가 연주되도록 {소리}의 [소리 드럼 두구두구 재생하고 기다리기] 블록을 끼워 넣은 후 '기타 루프1'를 선택합니다.

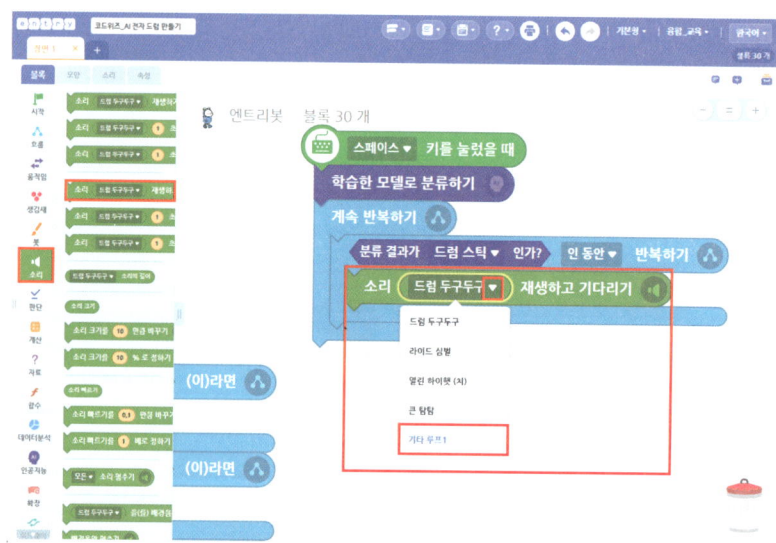

⑩ ▶시작하기 를 클릭한 후 Space 를 누릅니다.

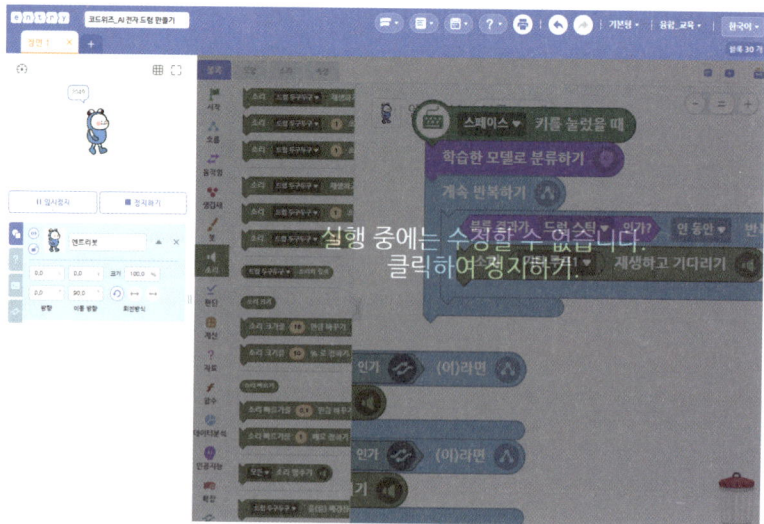

110

⑪ 데이터 입력 창이 표시되면, ▼를 클릭한 후 '업로드'를 '촬영'으로 변경합니다. [📷]을 눌러 컬러 센서 사진을 한 장 촬영합니다. [적용하기]를 클릭합니다.

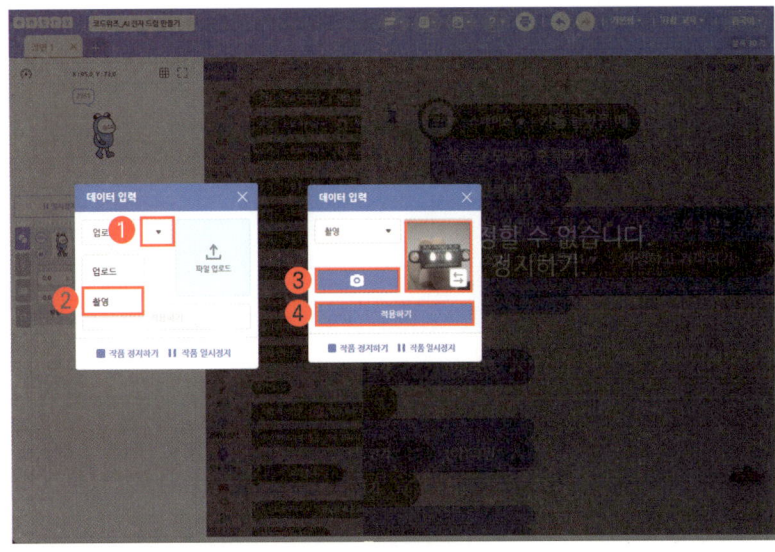

⑫ 기타 반주가 연주되는지 확인합니다. 기타 반주가 연주되면 컬러 센서로 빨강, 파랑, 초록색을 인식시켜 드럼 소리가 동시에 재생되는지도 확인합니다. 거리 센서에 손을 대보며 소리가 나는지도 확인합니다.

> ⭐ **TIP**
> **만약 기타 반주가 재생이되지 않는다면?**
> 인공지능의 이미지 학습이 부족한 것일지도 몰라요! 인공지능 학습하기로 다시 돌아가 올바른 컬러 센서 이미지를 최소 30장 이상 다시 학습시켜 볼까요?

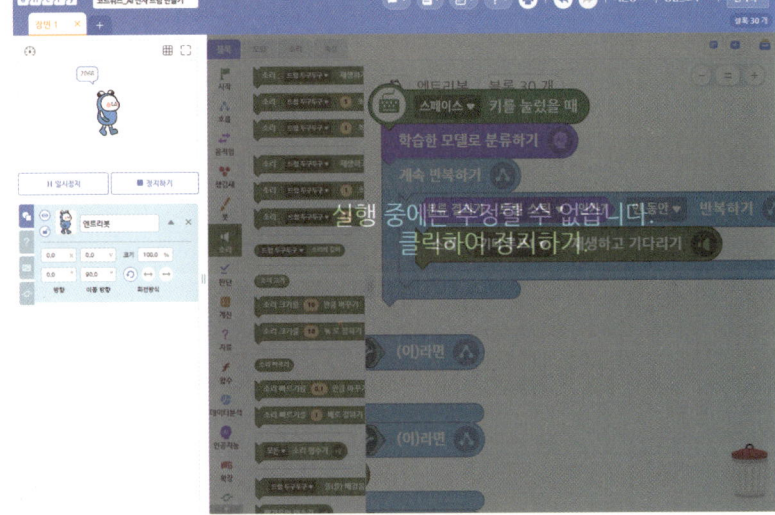

⑬ [■ 정지하기]를 누른 후 다시 [▶ 시작하기]를 클릭합니다. [Space]를 누른 후 ▼를 클릭하여 '업로드'를 '촬영'으로 변경합니다. [📷]을 눌러 손가락 하트 사진을 한 장 촬영한 후 [적용하기]를 클릭합니다.

⑭ 손가락 하트 사진이므로 기타 반주가 연주되지 않는지 확인합니다.

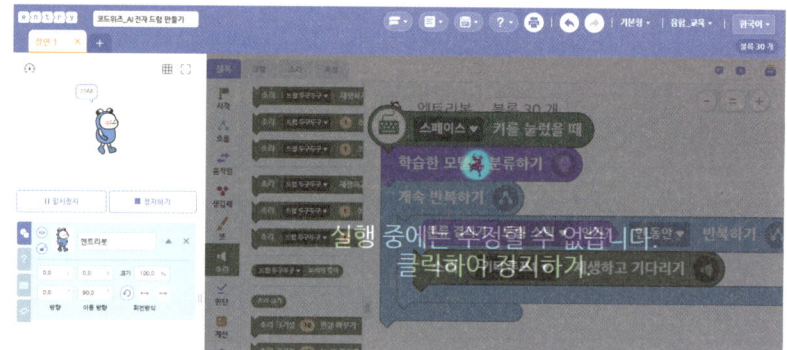

활동4 AI 전자 드럼을 만들고 기타 루프와 합주하기

● 영상을 보고 AI 메이커 스케치북과 코드위즈로 AI 전자 드럼을 만들어봅시다.

QR 코드를 스마트폰으로 찍어보아요!

● AI 전자 드럼으로 기타 루프와 함께 합주를 해봅시다.

합주 연주 반주 :

예) 열린 하이햇(치)(초록)– 큰 탐탐(빨강) - 큰 탐탐(빨강) – 열린 하이햇(치)(초록) – 열린 하이햇(치)(초록) – 라이드 심벌(파랑)

추가활동

● '컬러 센서' 이미지 대신 다른 이미지를 인식시켰을 때 기타 반주가 연주되도록 코딩을 수정해봅시다.
예) 코드위즈 드럼 페달 이미지, 스케치북으로 만든 드럼 이미지, 다른 손 모양 등

챕터 7. 코드위즈로 AI 전자 드럼 만들기

전체 코드

08 코드위즈로 AI 스마트폰 만들기

◆ 1차시 학습 목표
도트매트릭스와 마이크 센서를 활용하여 감정 표현 코딩을 할 수 있다.

◆ 2차시 학습 목표
AI 음성 모델 기능으로 프로그래밍하고, 'AI 스마트폰'을 만들 수 있다.

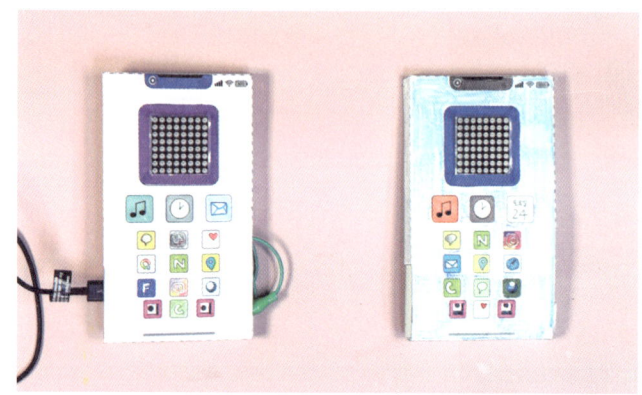
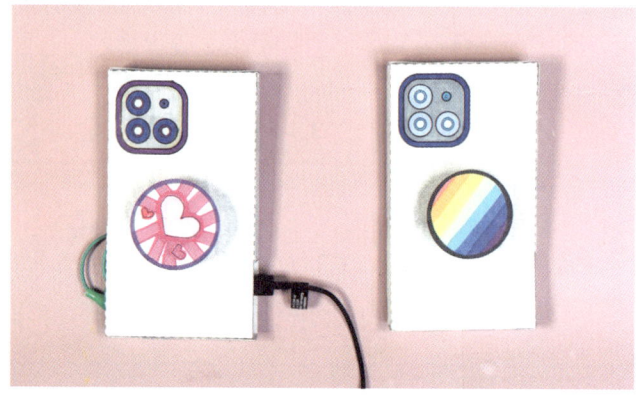

활동
1. 도트매트릭스와 마이크 센서 알아보고 연결하기
2. 소리에 반응하는 스마트폰 코딩하기
3. AI 음성 모델 기능 추가해서 코딩하기
4. AI 스마트폰 활용하기

〈수업자료PPT〉

https://bit.ly/48RaGau

◆ 준비물
1. 풀, 테이프, 색칠도구
2. 코드위즈, 도트매트릭스, 4핀 케이블(암), 악어클립
3. AI 메이커 스케치북 도안편
4. 마이크가 있는 PC 또는 노트북

안내사항

예제 코드 다운로드 필요!
이번 차시에는 코드가 길기 때문에 코드위즈 홈페이지 'AI 메이커 스케치북' 항목의 [예제 다운로드] 버튼을 클릭해 [코드위즈_AI 스마트폰 이모티콘] 예제 파일을 학생들이 다운로드 받을 수 있게 안내 바랍니다. 예제 파일을 다운받지 않아도 실습에 문제 없으나, 충분한 시간이 필요합니다.^^ (https://bit.ly/3V9EYCn)

챕터8. 코드위즈로 AI 스마트폰 만들기

 들어가기

- 영상을 보고 아래의 질문에 답해 봅시다.

"이모티콘으로 내 감정 표현하기"

내 감정을 표현하는 방법에는 어떤 것들이 있을까요?
다양한 이모티콘을 통해 내가 가진 생각과 느낌을 표현할 수 있습니다.
이모티콘을 통해 내가 느끼는 감정을 표현해 볼까요?

QR 코드를 스마트폰으로 찍어보아요!

- 영상을 보고 아래의 질문에 답해 봅시다.

영상에서 자신을 표현하는 수단으로 어떤 내용을 소개하고 있나요?
....

이모티콘을 사용하면 어떤 장점이 있을까요?
....
....

오늘 해결할 문제!

저는 제 감정을 더 자세히 표현하고 싶어요!
제가 하는 말을 알아듣고
이모티콘으로 표현해 주는
스마트폰이 있으면 좋겠어요.
인공지능으로 내 감정을 표현해 주는
AI 스마트폰을 코드위즈로 만들어볼까요?

활동 1 | 도트매트릭스와 마이크 센서 알아보고 연결하기

● 코드위즈 속 '마이크 센서'를 알아봅시다.

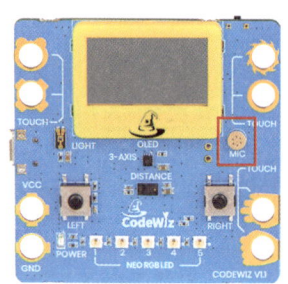

마이크 센서

- 코드위즈에는 오른쪽에 (   ) 센서가 부착되어 있어요.
- (   ) 센서는 주변의 소리 크기를 입력 받아 주변의 소리 크기를 (   ) ~ (   )까지의 값으로 알려줍니다.
- (   ) 센서는 전화기, 마이크, AI스피커 등 우리 생활 속에서 다양하게 사용되고 있어요!

● 코드위즈에 연결하는 '도트매트릭스'를 알아봅시다.

도트매트릭스

- (   )는 64개의 LED를 이용해 원하는 문자나 도형을 표현할 수 있게 해주는 장치입니다.
- 가로 (   )줄, 세로 (   )줄 총 (   )개 (   )로 구성되어 있습니다.
- 각각의 LED를 행 또는 열을 기준으로 제어할 수 있습니다.

● 코드위즈에 '도트매트릭스'를 연결해 봅시다.

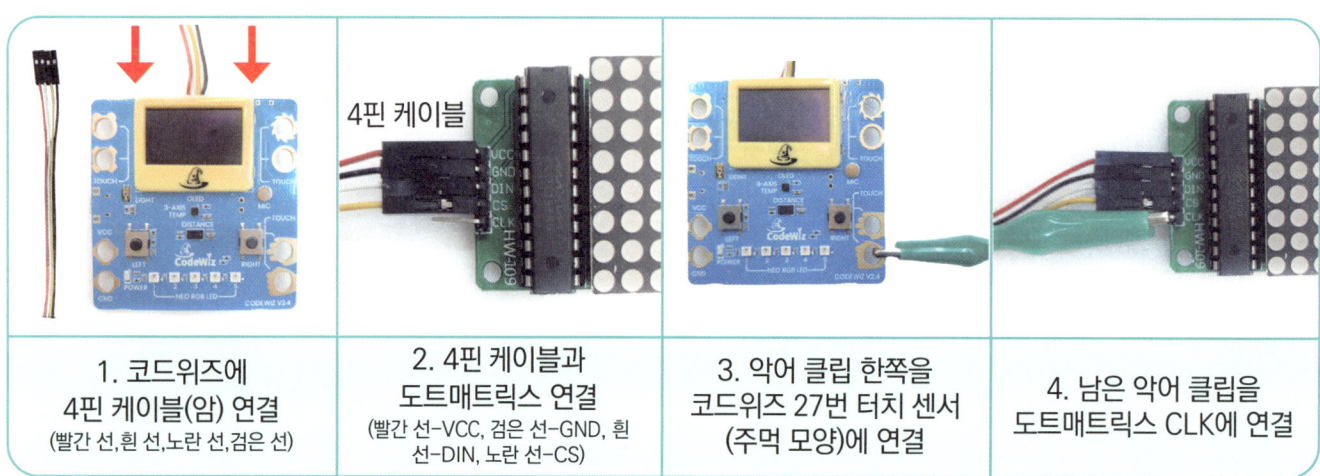

1. 코드위즈에 4핀 케이블(암) 연결
(빨간 선,흰 선,노란 선,검은 선)

2. 4핀 케이블과 도트매트릭스 연결
(빨간 선-VCC, 검은 선-GND, 흰 선-DIN, 노란 선-CS)

3. 악어 클립 한쪽을 코드위즈 27번 터치 센서 (주먹 모양)에 연결

4. 남은 악어 클립을 도트매트릭스 CLK에 연결

활동 2   소리에 반응하는 스마트폰 코딩하기

🌟 소리에 반응하는 스마트폰을 코딩해 봅시다.

① {시작}의 [시작하기 버튼을 클릭했을 때] 블록과 {하드웨어}의 [도트매트릭스 (1)개 DIN(18),CS(19),CLK(15)로 설정] 블록, [도트매트릭스 (1)번 밝기 (8)로 설정] 블록을 가져와 연결합니다. [CLK]의 ▼을 클릭한 후 '27'을 선택합니다.

> **TIP**
> **도트매트릭스 초기설정**
> 도트매트릭스 제어를 위한 연결 핀을 지정하고 초기화합니다. 〈DIN 18, CS19, CLK 27로 설정〉

② 주변 소리 값이 500보다 큰지 판단하도록 {흐름}의 [계속 반복하기] 블록과 [만일 〈참〉 (이)라면 아니면] 블록을 가져와 아래에 연결합니다.

③ {판단}에서 [10>10] 블록을 가져와 〈참〉에 끼워 넣습니다. {하드웨어}의 [소리 센서 값] 블록을 [10>10] 블록 왼쪽에 끼워 넣고 오른쪽에 '500'을 입력합니다.

> **TIP**
> **소리가 잘 측정되지 않나요?**
> 가지고 있는 코드위즈 기기마다 소리 센서의 측정값이 조금씩 다를 수 있어요. 주변 환경 등을 고려하여 상황에 따라 [소리 센서 값]을 '100~500' 사이로 조절해요.

④ 소음이 커지면 하트 모양을 출력하기 위해 {하드웨어}의 [도트매트릭스 1번의 2열 11111111 (으)로 만들기] 블록을 가져와 [(이)라면] 내부에 끼워 넣습니다.

⑤ [도트매트릭스 1번의 2열 11111111 (으)로 만들기] 블록을 7번 더 가져와 [(으)로 만들기] 아래에 연결합니다.

⑥ 열 번호가 8~1이 되도록 입력합니다.

챕터8. 코드위즈로 AI 스마트폰 만들기

⑦ 하트 모양이 출력되도록 '8열 – 01000010', '7열 – 11100111', '6열 – 11111111', '5열 – 11111111', '4열 – 01111110', '3열 – 01111110', '2열 – 00111100', '1열 – 00011000'을 입력합니다.

TIP

도트매트릭스 설정

0은 LED를 끈다, 1은 LED를 킨다는 뜻이에요. 11000011은 양쪽 끝 2개씩 LED를 키는 것이라고 생각하면 됩니다.

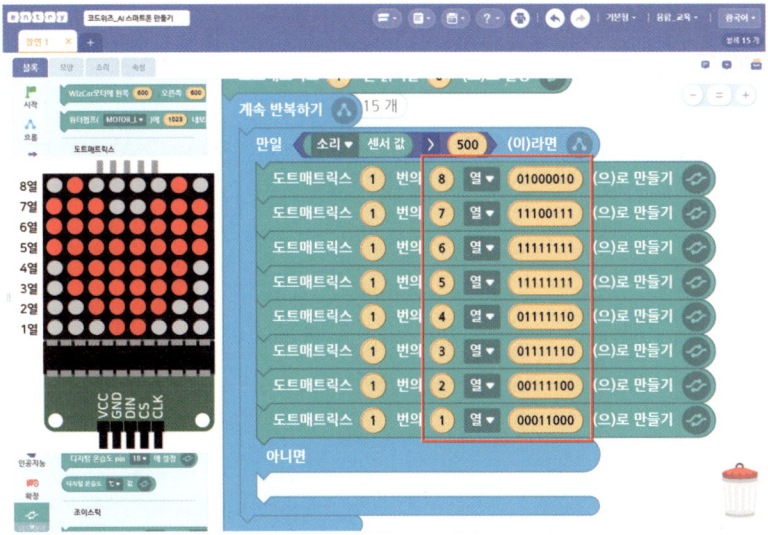

더 알아보기

감정 예시 파일로 코드 작성하기

지침, 놀람, 지루함, 슬픔, 즐거움 감정과 하트 모양을 표현할 수 있는 도트매트릭스 예시 코드를 다운로드 받아서 사용할 수 있어요!
예시 코드 파일을 다운로드 받은 경우에는 {함수}에서 [하트] 블록을 가져와 [만일 소리 센서값 >500 (이)라면] 블록 내부에 끼워 넣습니다.

⑧ 5초 동안 하트 모양이 출력되도록 {흐름}의 [2초 기다리기] 블록을 [만들기] 아래에 연결한 후 '5'를 입력합니다.

❾ 주변 소음 크기가 500 미만이라면 도트매트릭스가 꺼지도록 [아니면]에 {하드웨어}의 [도트매트릭스 모두 지우기] 블록을 끼워 넣습니다.

❿ ▶시작하기 를 클릭한 후 주변 소음 크기에 따라 도트매트릭스에 하트가 출력되는지 확인합니다.

TIP
도트매트릭스에 불이 들어오지 않나요?
케이블 연결 상태를 다시 한 번 확인한 후 실행해 봅니다.

⭐ **변수를 활용해 소리 크기를 특정하며 작동해 봅시다.**

❶ 측정된 소리 크기를 저장할 변수를 추가하기 위해 {자료}에서 변수 만들기 를 클릭합니다. [변수 이름]에 '소리'를 입력하고 변수 추가 를 클릭합니다.

❷ [블록] 탭을 클릭한 후 {자료}의 [소리를 10 (으)로 정하기] 블록을 가져와 [(이)라면] 블록 위에 끼워 넣습니다.

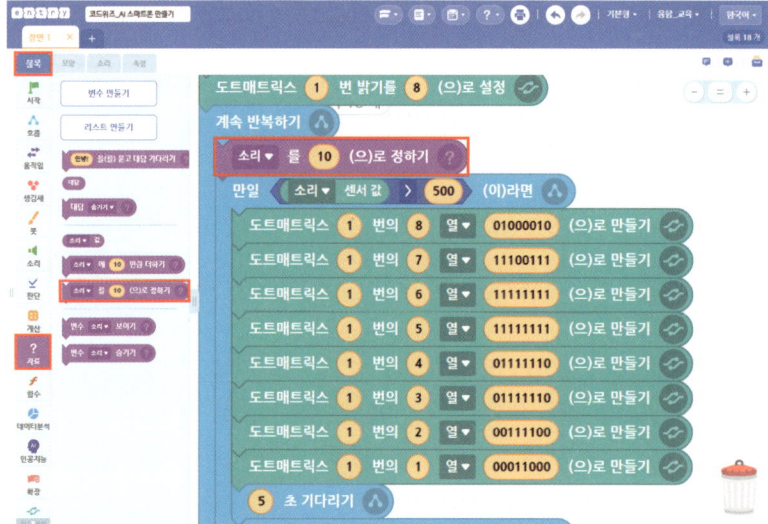

❸ {하드웨어}의 [소리 센서 값] 블록을 [정하기] 블록에 끼워 넣습니다.

❹ ▶시작하기 를 클릭합니다. 실행화면에 인식된 소리 크기가 잘 표시되는지 확인합니다.

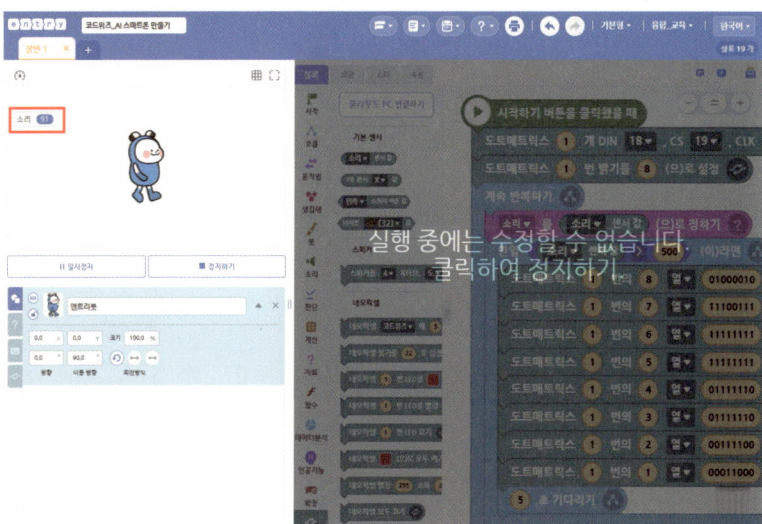

★ 버튼을 누르는 동안 소리 크기를 측정하며 작동해 봅시다.

① [정하기] 블록을 오른쪽으로 드래그하여 분리합니다.

② 오른쪽 버튼이 눌렸는지 판단하도록 {흐름}의 [만일 〈참〉 (이)라면]을 [반복하기] 블록에 끼워 넣습니다. {하드웨어}의 [왼쪽 스위치 버튼 값]을 〈참〉에 끼워 넣고 ▼을 눌러 '오른쪽'을 선택합니다.

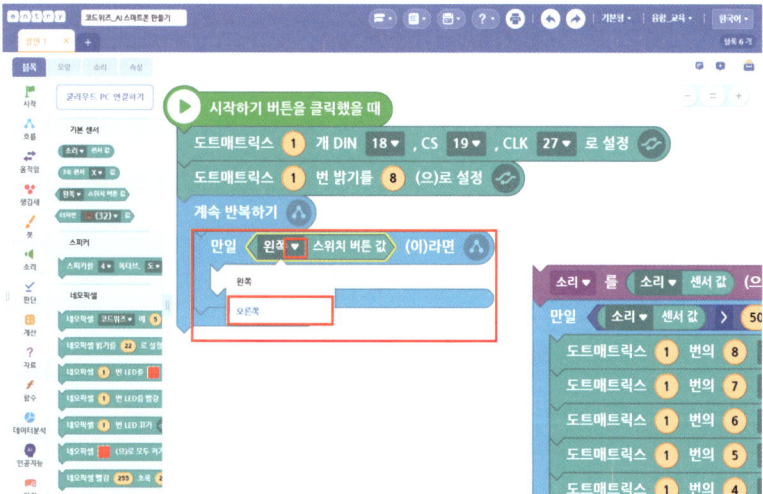

③ 분리해 둔 블록을 [(이)라면] 블록에 끼워 넣습니다.

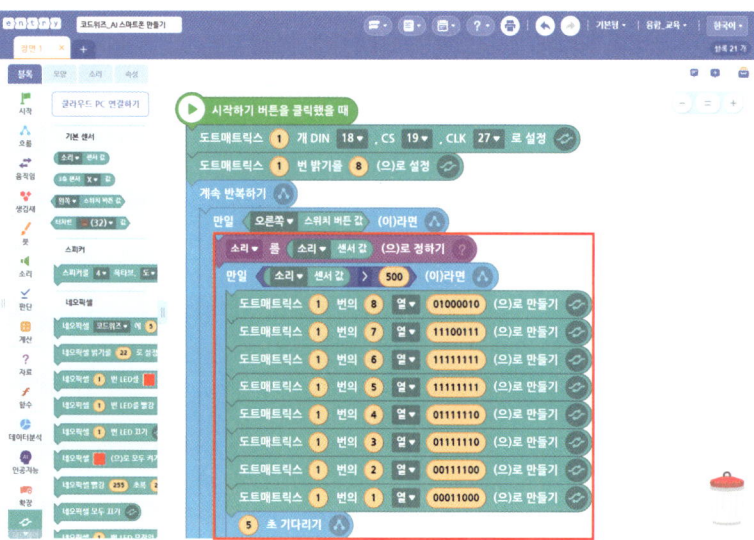

④ ▶시작하기 를 클릭합니다. 오른쪽 버튼을 누른 상태에서 인식된 소리 크기가 500보다 클 때에만 하트가 출력되는지 확인합니다.

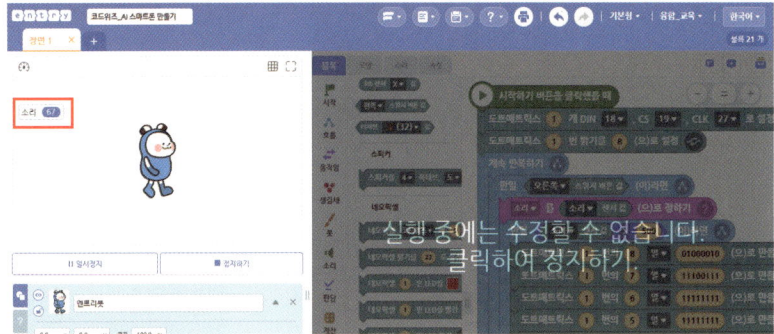

활동3 AI 음성 모델 기능 추가해서 코딩하기

⭐ 인공지능은 어떻게 음성을 분석할 수 있을까요?

다양한 (   )를 입력하면

인공지능이 학습을 하고

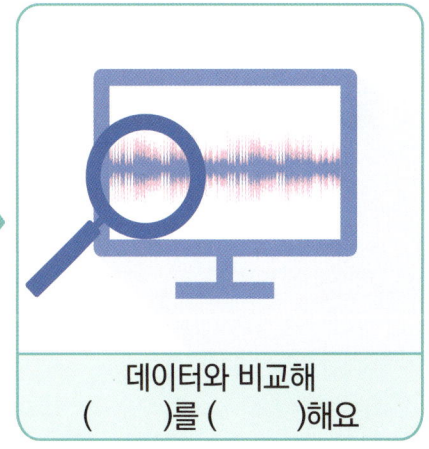

데이터와 비교해 (   )를 (   )해요

⭐ 엔트리 속 '분류:소리' 기능을 알아봅시다.

분류 : 소리

- 엔트리 속 (   ) 기능은 마이크를 이용하여 여러 가지 소리를 학습하는 기능이에요

- '소리'를 입력하면 학습한 (   )에 따라 '소리'를 분류하여 판단할 수 있어요.

> **TIP**
> **마이크 연결 상태 및 소음 환경에 따른 모델 학습 유의사항 확인**
> ★ 엔트리 속 '분류:소리' 인공지능 모델을 사용하기 위해서는 컴퓨터 또는 노트북에 마이크가 반드시 연결되어 있어야 합니다. 수업 전에 마이크 연결 상태를 확인해야 합니다!
>
> ★ 동시에 여러 소리가 입력된다면 인공지능이 정확한 음성을 분석하기 어려지기 때문에 올바른 작동을 위해서는 주변 소음 환경이 중요합니다. 가능한 조용한 환경에서 음성을 입력할 수 있도록 합니다.

★ 인공지능 블록으로 소리 모델 기능을 추가해 봅시다.

❶ {인공지능}에서 `인공지능 블록 불러오기`를 클릭합니다.

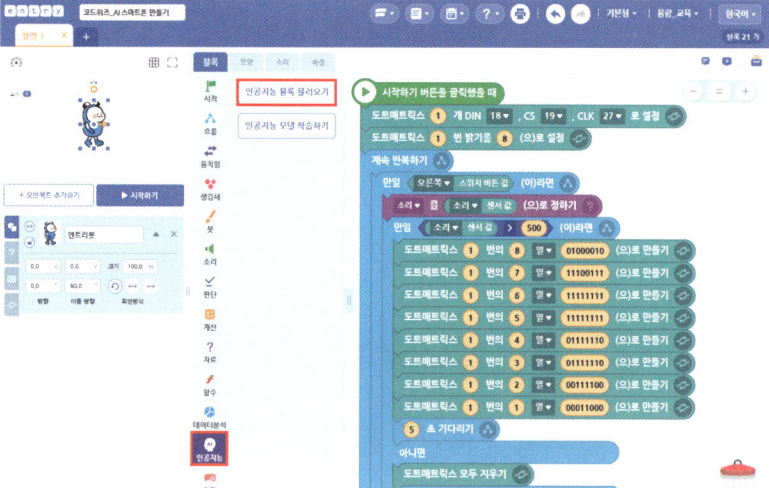

❷ [분류:소리]를 선택한 후 오른쪽 위의 `학습하기`를 클릭합니다.

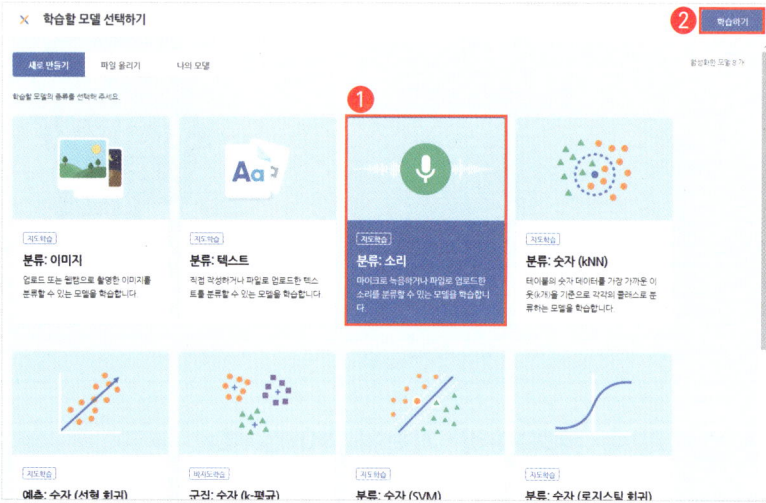

> **TIP**
> **인공지능 모델 학습 유의사항**
> 모델 학습은 인터넷과 계정이 연결되어 있어야 정상적으로 동작합니다!

❸ 모델 이름을 원하는 제목으로 바꾼 후 [데이터 입력]란의 '클래스1' 입력란에 '행복해'를 입력합니다. [업로드]의 ▼를 클릭한 후 '녹음'을 선택합니다.

> **TIP**
> 권한 요청창이 표시되면 [방문할 때마다 허용]을 선택합니다.
>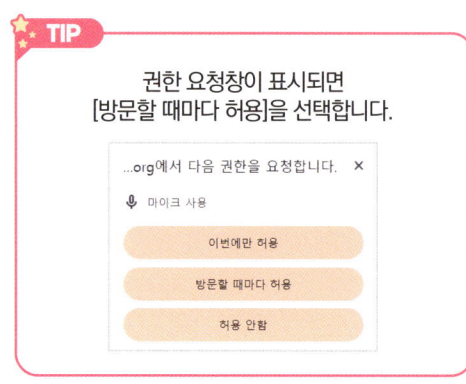

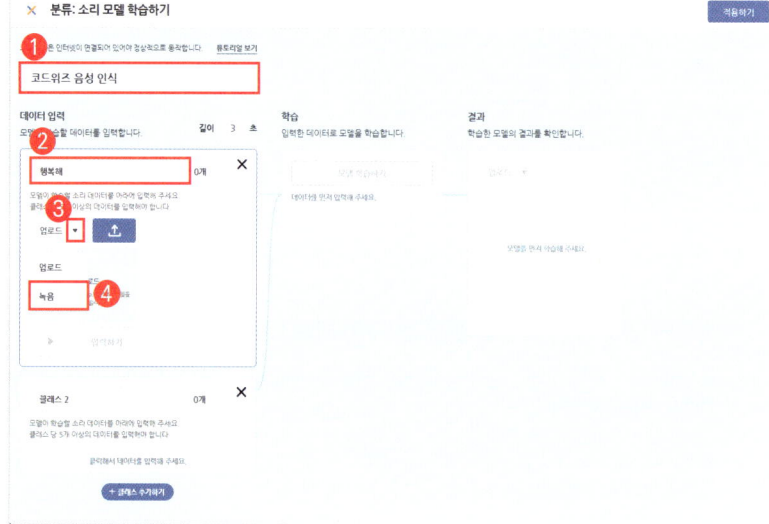

④ 🎤 를 눌러 '행복해' 음성을 녹음합니다. ▶ 을 눌러 녹음된 음성을 확인한 후 문제가 없다면 입력하기 를 클릭해 학습 데이터로 추가합니다.

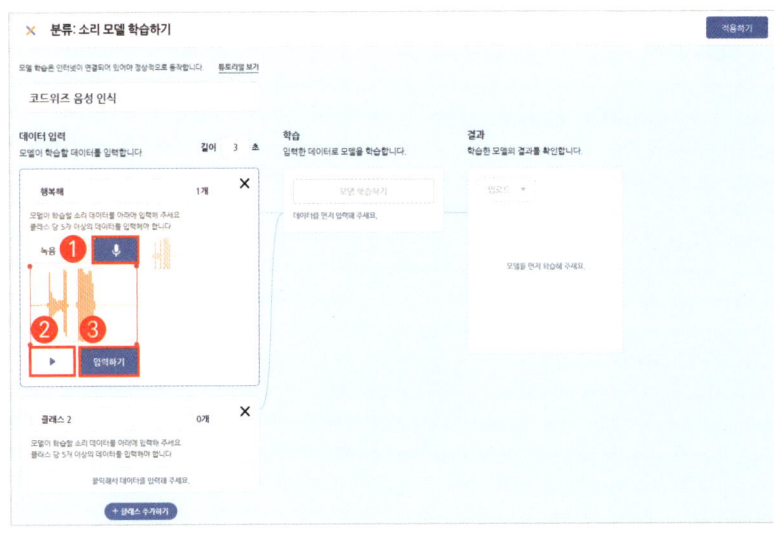

TIP

마이크 연결 확인 및 녹음 환경 체크

마이크가 연결되어 있어야 녹음 기능을 사용할 수 있습니다. 또한 소란스러운 환경에서는 음성 녹음에 어려움이 있으니 조용한 환경에서 녹음하는 것을 추천합니다.

⑤ 최소 5번 이상 녹음해 학습 데이터를 추가합니다. 정확도를 높이기 위해 20번 정도 녹음하는 것을 추천합니다.

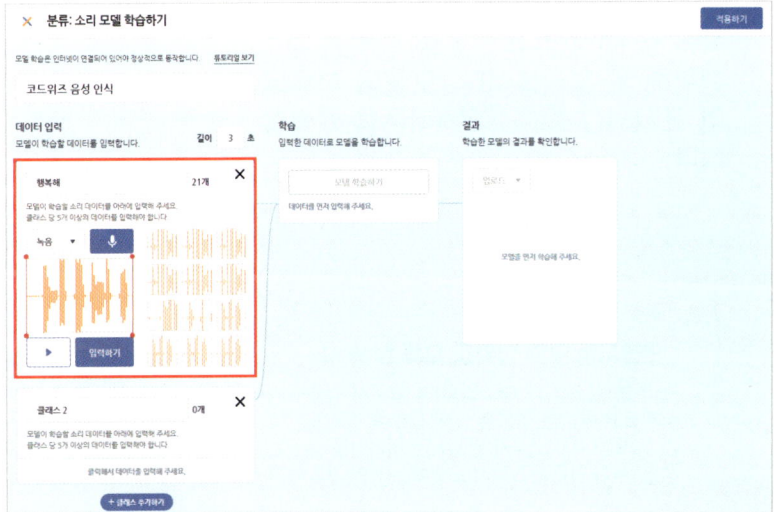

⑥ '클래스2'에는 '슬퍼'를 입력한 후 같은 방법으로 '슬퍼' 음성을 녹음합니다. 데이터 추가가 완료되었다면 모델 학습하기 를 클릭합니다.

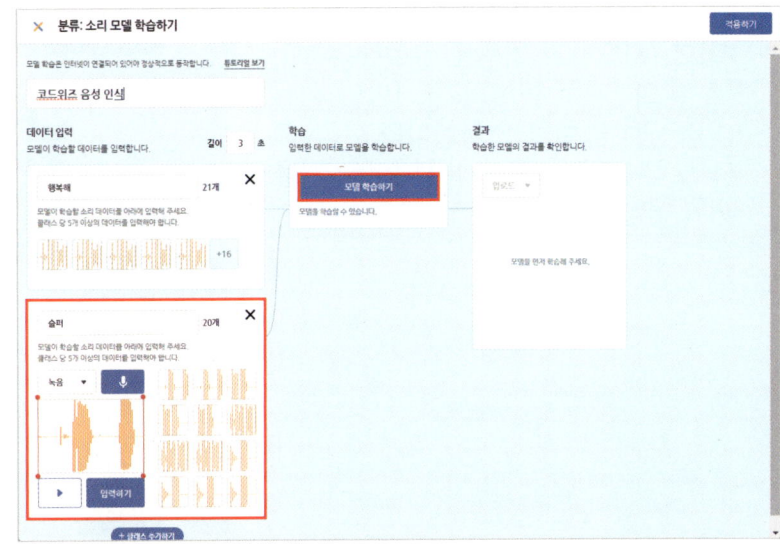

❼ 모델 학습이 완료될 때까지 잠시 기다립니다.

❽ [결과]에서 [업로드]의 ▼를 클릭한 후 '녹음'을 선택합니다. 🎤를 클릭한 후 '행복해'를 말해봅니다. 모델이 분류되어 표시되면 적용하기 버튼을 클릭합니다.

TIP
인공지능 모델 정확도 오류 발생 시
소리 녹음(소리 데이터 입력)이 잘못된 것을 삭제하고 올바른 녹음을 많이 할수록 정확도가 높아집니다! 오류가 발생하면 데이터를 수정 및 추가 입력하고 다시 모델학습을 합니다.

❾ 왼쪽 버튼을 눌렀는지 판단하도록 {시작}의 [시작하기 버튼을 클릭했을 때], {흐름}의 [계속 반복하기], [만일 〈참〉(이)라면] 블록을 연결합니다. 〈참〉에 {하드웨어}의 [왼쪽 스위치 버튼 값]을 끼워 넣습니다.

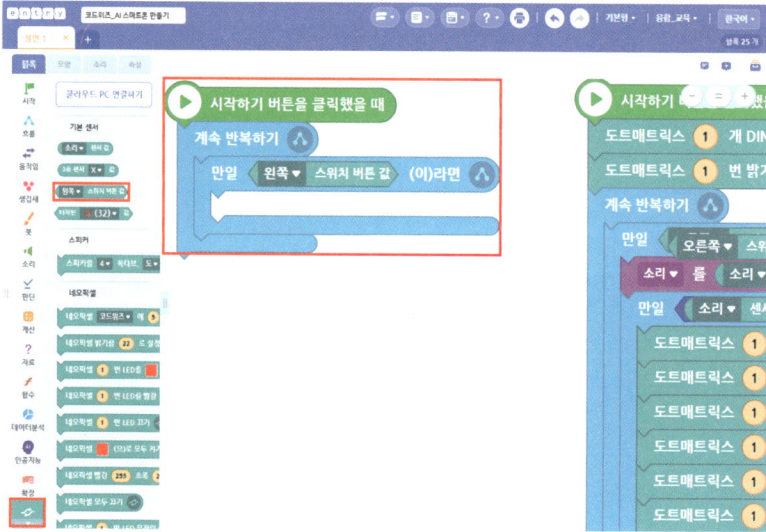

⑩ {인공지능}의 [학습한 모델로 분류하기]와 {생김새}의 [안녕!을 말하기]를 [(이)라면] 내부에 끼워 넣습니다. {인공지능}의 [분류 결과]를 [말하기] 블록에 끼워 넣습니다.

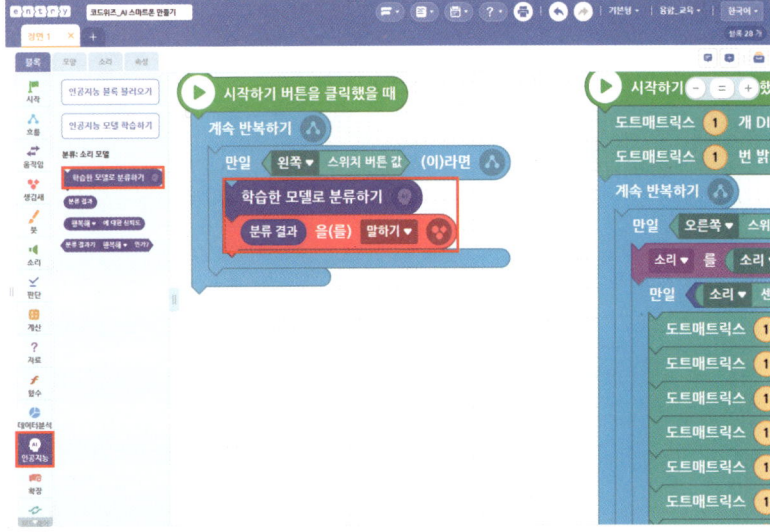

⑪ ▶시작하기 를 클릭한 후 코드위즈의 왼쪽 버튼을 누릅니다. [데이터 입력] 창의 [업로드]를 선택한 후 '녹음'을 선택합니다. 🎤를 클릭한 후 '행복해' 또는 '슬퍼'를 말하고 적용하기 를 클릭합니다.

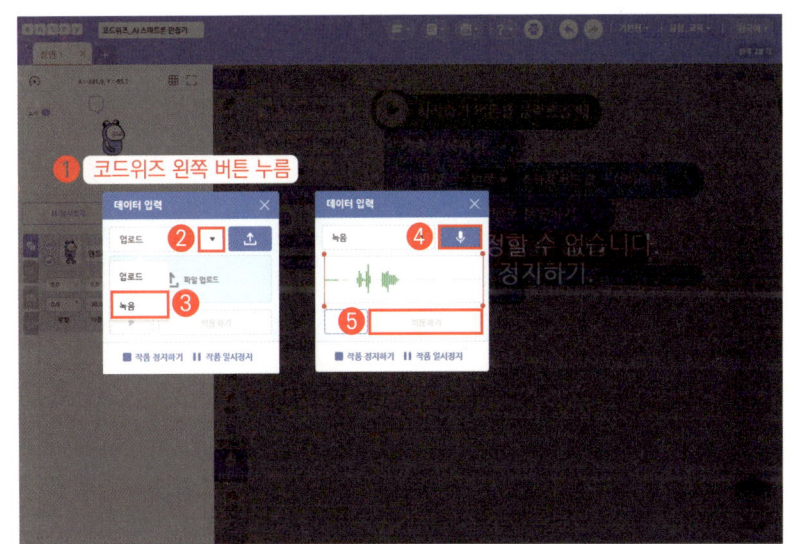

⑫ 분석한 결과를 엔트리 봇이 말 하는지 확인한 후 ■정지하기 를 클릭합니다. 컴퓨터의 사양에 따라 시간이 지연될 수 있습니다.

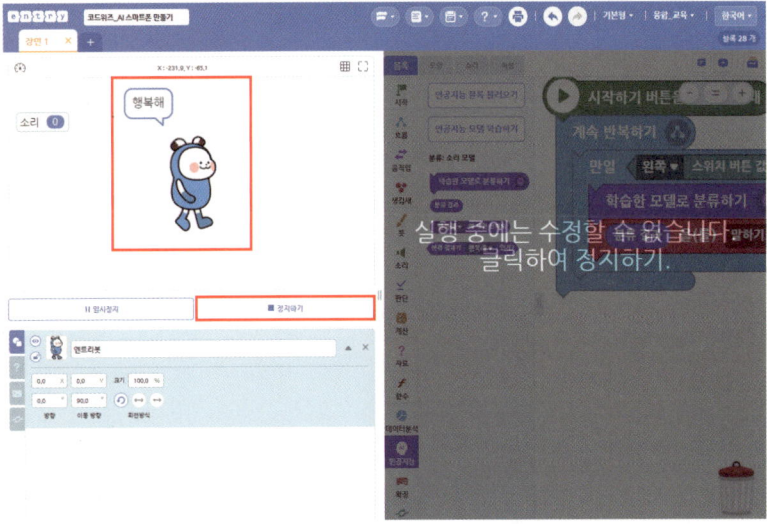

⑬ 분류한 결과가 '행복해'인지 판단하기 위해 {흐름}의 [만일 〈참〉 (이)라면]을 [말하기] 아래에 연결합니다. 〈참〉에 {인공지능}의 [분류 결과가 행복해 인가?]를 끼웁니다.

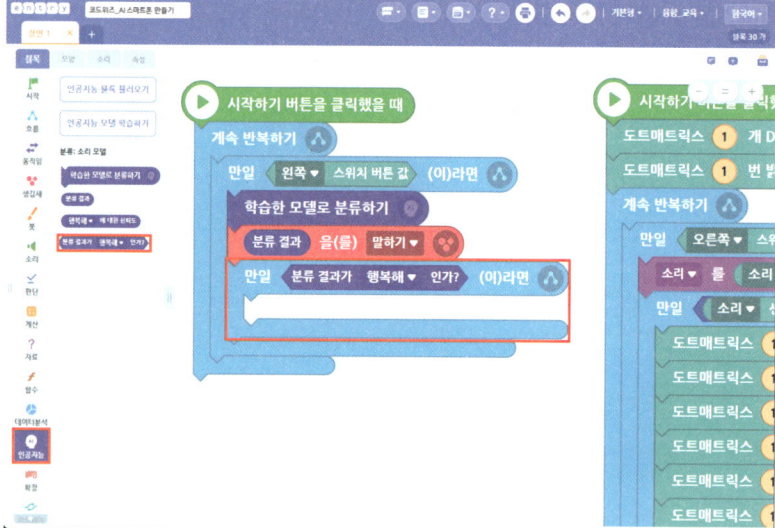

⑭ 도트매트릭스에 '하트'가 출력되도록 코딩한 코드에서 마우스 오른쪽 버튼을 클릭한 후 [코드 복사&붙여넣기]를 클릭합니다.

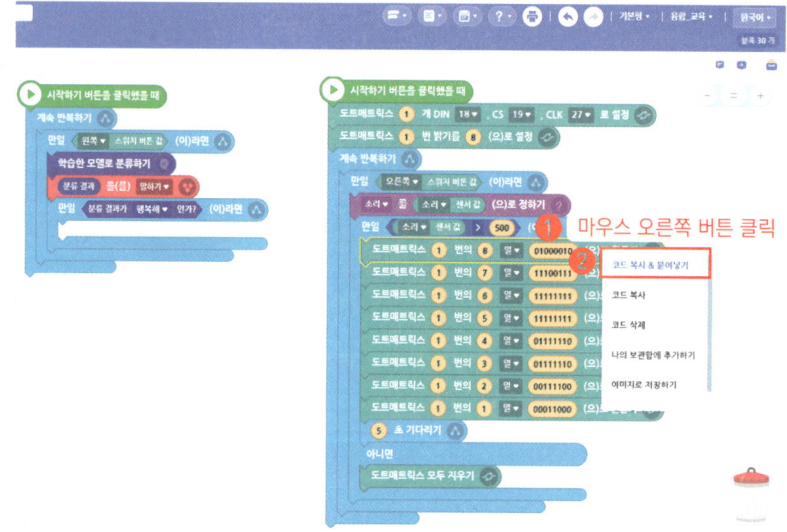

⑮ [(이)라면] 블록 내부에 복사된 블록을 끼워 넣습니다.

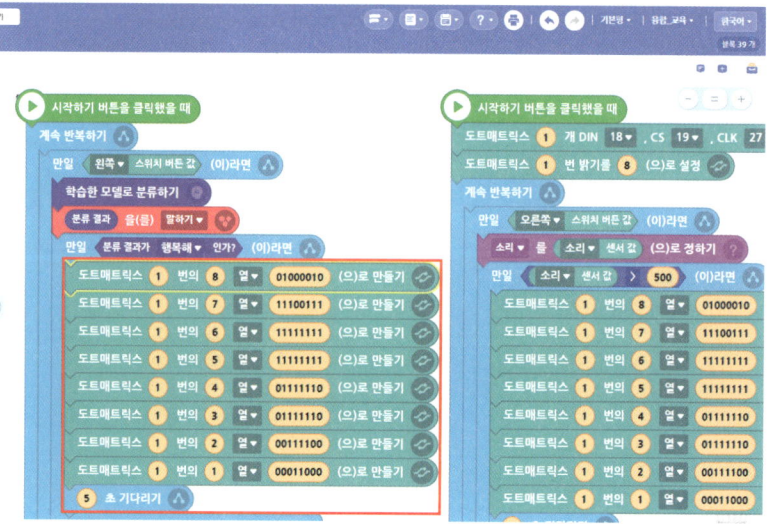

⑯ '행복해'와 어울리는 웃음 표정이 출력되도록 도트매트릭스의 블록 숫자를 변경합니다.

더 알아보기

감정 예시 파일로 코드 작성하기

예시 코드 파일을 다운로드 받은 경우에는 {함수}에서 [행복해] 블록을 가져와 [만일 분류 결과가 행복해인가? (이)라면] 블록 내부에 끼워 넣습니다.

⑰ 분류한 결과가 '슬퍼'인지 판단할 수 있도록 [만일 분류 결과가 (행복해)인가? (이)라면] 블록에서 마우스 오른쪽 버튼을 클릭한 후 [코드 복사&붙여넣기]를 클릭합니다.

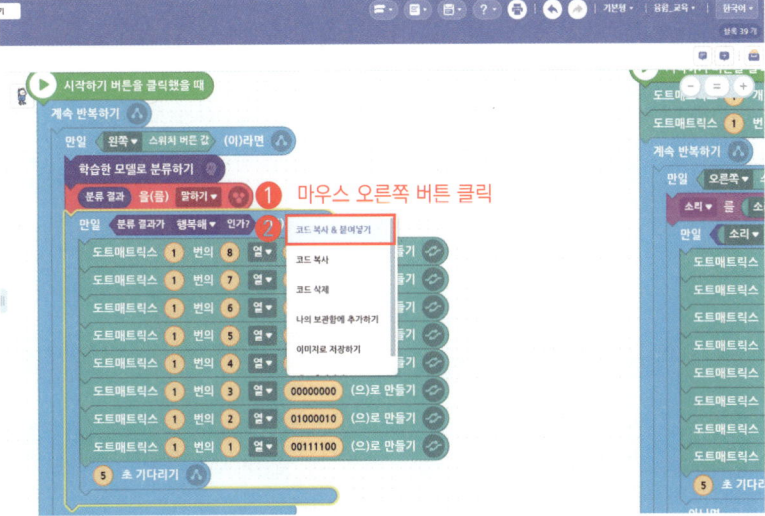

⑱ 복사된 블록을 [(이)라면] 아래에 끼워 넣습니다. ▼을 클릭해 '슬퍼'를 선택합니다.

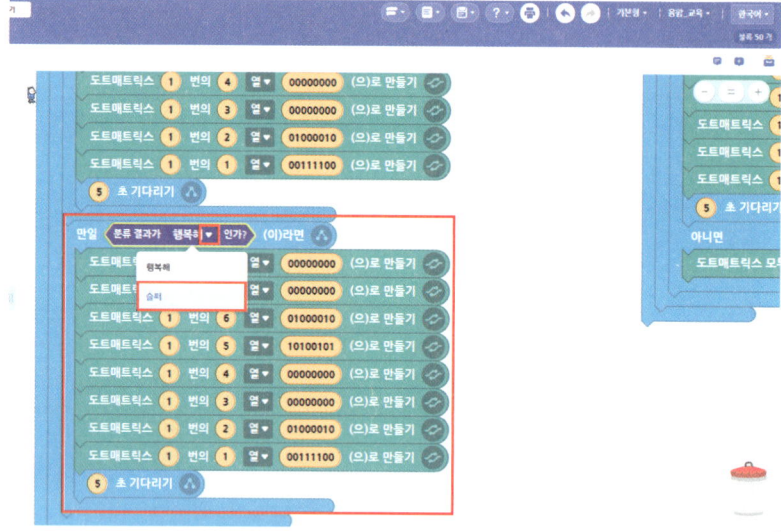

⑲ '슬퍼'와 어울리는 슬픈 표정이 출력되도록 도트매트릭스의 블록 숫자를 변경합니다.

더 알아보기

감정 예시 파일로 코드 작성하기

예시 코드 파일을 다운로드 받은 경우에는 {함수}에서 [슬퍼] 블록을 가져와 [만일 분류 결과가 슬퍼인가? (이)라면] 블록 내부에 끼워 넣습니다.

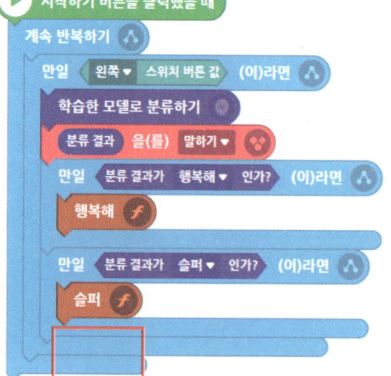

⑳ 행복한 표정과 슬픈 표정을 5초간 출력 후 도트매트릭스에 출력된 표정을 지우고 말풍선도 지우기 위해 {하드웨어}의 [도트매트릭스 모두 지우기]와 {생김새}의 [말풍선 지우기]를 [(이)라면] 아래에 끼워 넣습니다.

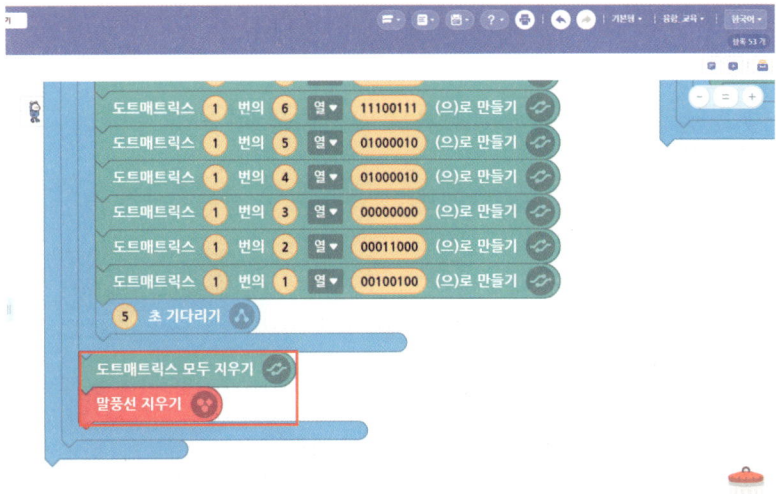

㉑ ▶시작하기를 클릭한 후 '행복해' 음성과 '슬퍼' 음성에 따라 도트매트릭스에 표정이 출력되는지 확인합니다.

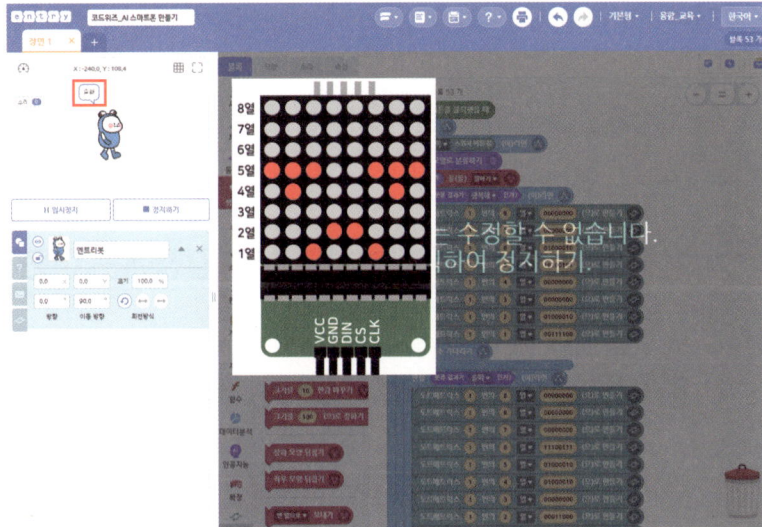

| 활동4 | AI 스마트폰 활용하기 |

● 영상을 보고 AI 스마트폰을 만들어봅시다.

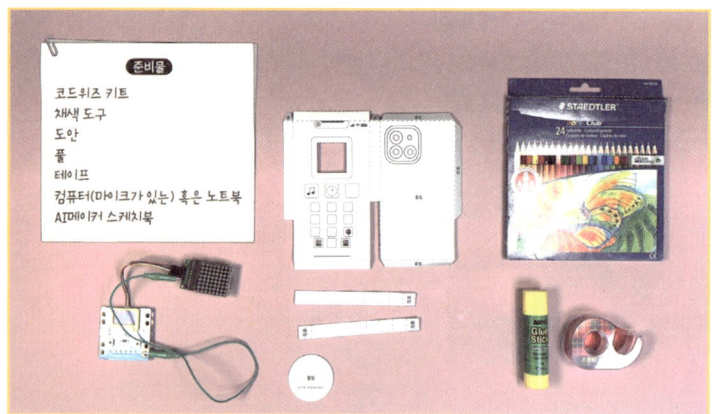

QR 코드를 스마트폰으로 찍어보아요!

● AI 스마트폰을 통해 표현하고 싶은 감정을 알아보고 감정 이모티콘을 디자인해 봅시다.

1) 이모티콘을 통해 표현하고 싶은 감정에는 어떤 것들이 있나요?

2) 감정을 표현할 수 있는 다양한 이모티콘을 디자인해 봅시다.

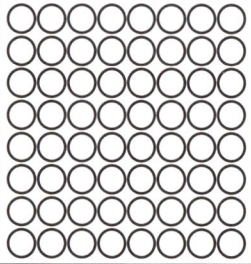 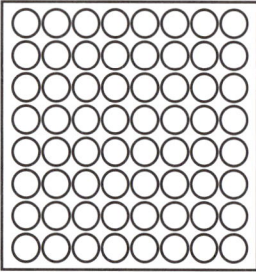 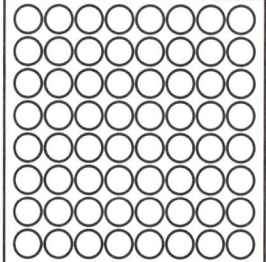 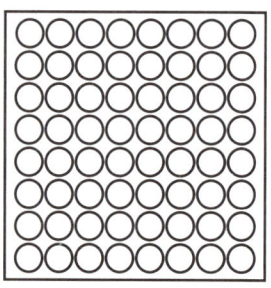

| 추가활동 |

● 내가 디자인한 감정 이모티콘으로 코드를 수정해봅시다.

챕터8. 코드위즈로 AI 스마트폰 만들기

전체 코드

❋ 예시 코드 다운로드 시 전체 코드

133

09 코드위즈로 옷 추천 알리미 만들기

◆ 1차시 학습 목표

온도 센서와 180도 서보모터를 활용하여 옷 추천 알리미를 코딩할 수 있다.

◆ 2차시 학습 목표

날씨 확장 블록으로 실시간 데이터를 활용해 옷 추천 알리미를 만들 수 있다.

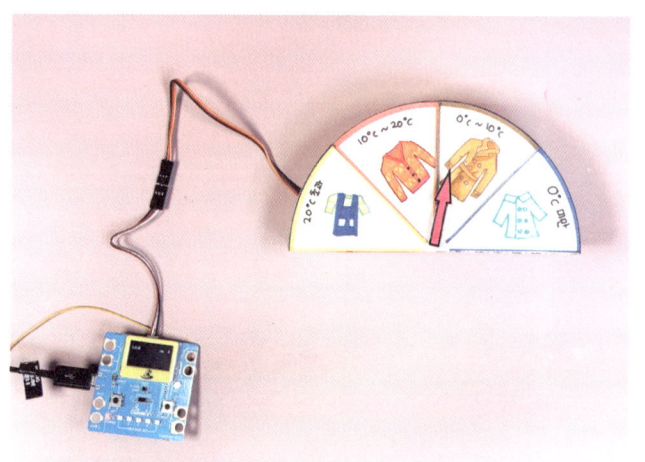
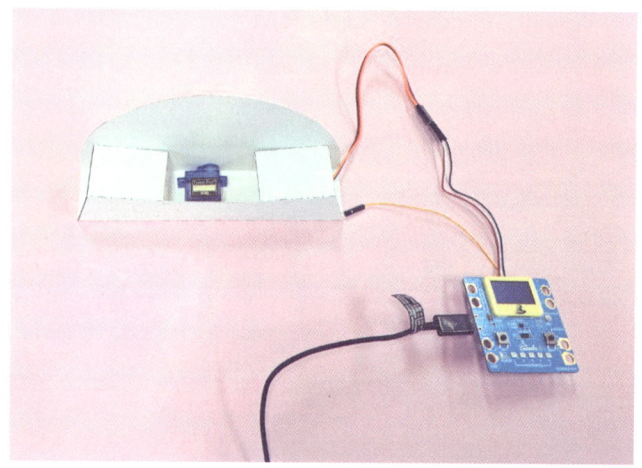

활동
1. 온도 센서와 180도 서보모터 알아보고 연결하기
2. 옷 추천 알리미 코딩하기
3. 날씨 확장 블록으로 코딩하기
4. 옷 추천 알리미 활용하기

〈수업자료PPT〉
https://bit.ly/3V8XD0X

◆ 준비물

1. 풀, 테이프, 색칠도구
2. 코드위즈, 180도 서보모터, 4핀 케이블(수)
3. AI 메이커 스케치북 도안편
4. PC 또는 노트북

챕터9. 코드위즈로 옷 추천 알리미 만들기

들어가기

- 영상을 보고 아래의 질문에 답해 봅시다.

" 어제보다 쌀쌀한 아침, 15도 안팎 큰 일교차 "

여러분들은 날씨를 알아보기 위해 어떤 정보를 확인하나요? 기상캐스터가 전해주는 일기예보를 보면 오늘의 날씨 뿐만 아니라 다양한 기상 정보를 확인할 수 있습니다.

특히 등교 전에 어떤 옷을 입고 나가야 할지를 오늘 아침 기온을 확인하고 정하기도 하죠. 기상캐스터가 전해주는 일기예보를 한 번 시청해 볼까요?

QR 코드를 스마트폰으로 찍어보아요!

- 영상 속에서 전달하는 내용이 무엇이었는지 적어봅시다.

영상 속 뉴스 내용 :

영상을 보고 알 수 있는 사실 :

오늘 해결할 문제!

매일 바뀌는 날씨에 따라 기온이 달라져 입을 옷을 정하는 데 어려움이 있네요.

날씨 데이터로 내가 사는 지역의 **현재 날씨에** 맞는 **실시간 옷 추천 알리미**를 코드위즈로 만들어볼까요?

활동 1 — 온도 센서와 180도 서보모터 알아보고 연결하기

● 코드위즈 속 '온도 센서'를 알아봅시다.

온도 센서

- 코드위즈 중앙에는 보드의 온도를 측정할 수 있는 (   )가 3축 센서에 내장되어 있습니다.

- (   ) 센서는 보드의 (   )를 측정하여 감지된 온도값을 컴퓨터에 전달합니다.

- (   ) 센서는 전자 온도계, 전자 체온계 등 우리 생활 속에서 다양하게 활용되고 있습니다.

● 코드위즈에 연결하는 '180도 서보모터'를 알아봅시다.

180도 서보모터

- 사용자가 (   )로 동작 시킬 수 있는 모터입니다.

- (   )는 무한정 회전하는 DC모터와는 다르게 회전 반경이 (   )도 ~ (   )도로 정해져 있습니다.

- 힘을 주어 손으로 돌리면 모터가 망가질 수 있으니 주의해야 합니다.

● 코드위즈에 '180도 서보모터'를 연결해봅시다.

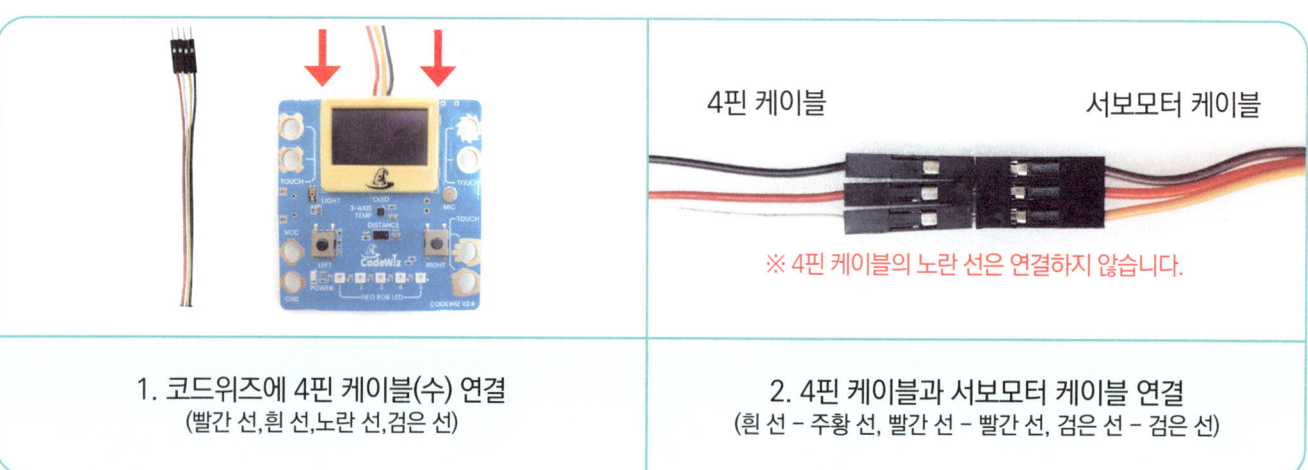

| 1. 코드위즈에 4핀 케이블(수) 연결 (빨간 선, 흰 선, 노란 선, 검은 선) | 2. 4핀 케이블과 서보모터 케이블 연결 (흰 선 – 주황 선, 빨간 선 – 빨간 선, 검은 선 – 검은 선) |

활동 2 옷 추천 알리미 코딩하기

● 옷 추천 알리미를 코딩해봅시다.

① {시작}의 [시작하기 버튼을 클릭했을 때] 블록과 {하드웨어}의 [서보모터(SCON) 각도를 0(으)로 바꾸기] 블록을 가져와 연결합니다.

> **TIP**
> **180도 서보모터 사용시 주의 사항**
> 180도 서보모터를 처음 사용할 때에는 영점을 맞추기 위해서 시작하기 버튼을 클릭했을 때 0도로 설정합니다.

② {시작}에서 [q키를 눌렀을 때] 블록을 가져옵니다. 온도 센서로 측정된 값이 0 이하인지 판단하기 위해 {흐름}에서 [만일 〈참〉 (이)라면] 블록을 가져와 연결합니다.

③ {판단}에서 [10>10] 블록을 가져와 〈참〉에 끼워 넣습니다. 왼쪽에 '0'을 입력하고 오른쪽에 {하드웨어}의 [소리 센서값] 블록을 끼워 넣습니다. ▼을 클릭해 '온도'를 선택합니다.

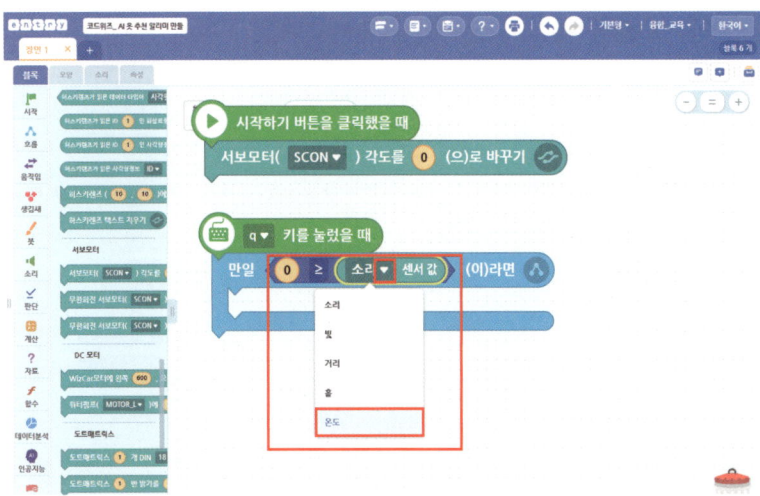

④ 온도 센서에 측정된 온도가 0 이하라면 서보모터 각도를 40으로 지정하기 위해 {하드웨어}의 [서보모터(SCON) 각도를 0으로 바꾸기] 블록을 [(이)라면] 내부에 끼워 넣습니다. '40'을 입력합니다.

⑤ 측정된 온도가 0 보다 크고 10 이하인지 판단하기 위해 {흐름}의 [만일 〈참〉 (이)라면] 블록을 가져와 [(이)라면] 아래에 연결합니다. {판단}의 [〈참〉 그리고 〈참〉] 블록을 〈참〉에 끼워 넣습니다.

⑥ 왼쪽 〈참〉에는 {판단}의 [10≥10] 블록, 오른쪽 〈참〉에는 {판단}의 [10>10] 블록을 끼워 넣습니다.

챕터9. 코드위즈로 옷 추천 알리미 만들기

⑦ [10≥10] 블록의 오른쪽, [10>10] 블록 왼쪽에 {하드웨어}의 [소리 센서값] 블록을 끼워 넣고 ▼을 클릭해 '온도'를 선택합니다.

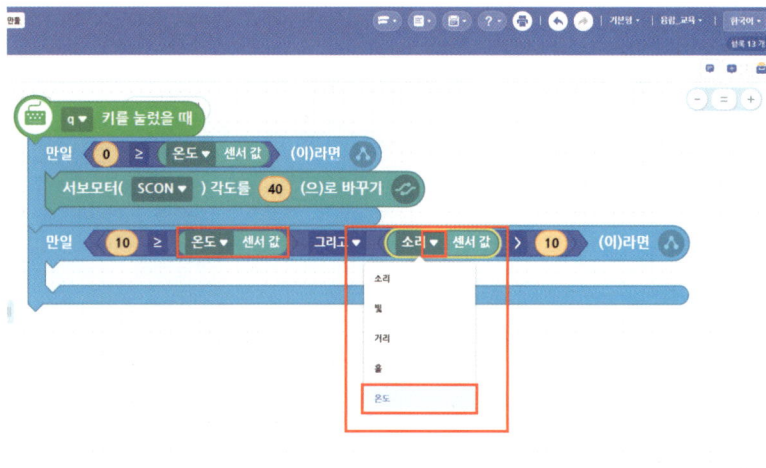

⑧ 측정된 온도가 0 보다 크고 10 이하가 되도록 [온도 센서값>10] 블록의 오른쪽 값에 '0'을 입력합니다.

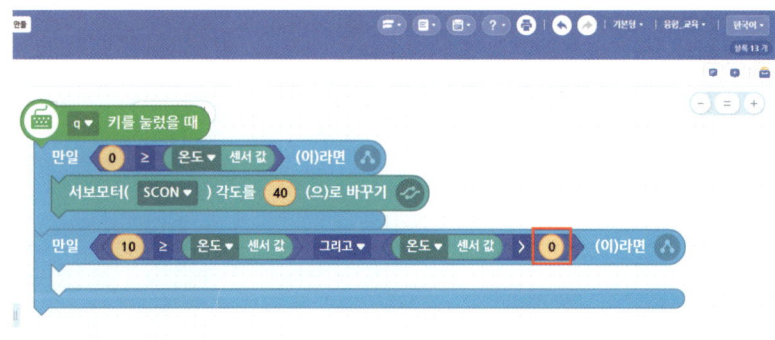

⑨ 측정된 온도가 0 보다 크고 10 작거나 같으면 서보모터 각도를 80으로 지정하기 위해 {하드웨어}의 [서보모터(SCON) 각도를 0으로 바꾸기] 블록을 [(이)라면] 내부에 끼워 넣습니다. '80'을 입력합니다.

⑩ 측정된 온도가 10 보다 크고 20보다 작거나 같은지 판단하기 위해 [(이)라면] 블록을 마우스 오른쪽 버튼으로 클릭합니다. [코드복사 & 붙여넣기]를 클릭합니다.

⑪ 복사된 블록을 아래에 연결한 후 순서대로 '20'과 '10'을 입력합니다. 각도 값으로 '120'을 입력합니다.

⑫ 측정된 온도가 20보다 큰지 판단하기 위해 {흐름}의 [만일 〈참〉 (이)라면] 블록을 가져와 [(이)라면] 아래에 연결합니다. 〈참〉에 {판단}의 [10>10] 블록을 끼워 넣습니다.

챕터9. 코드위즈로 옷 추천 알리미 만들기

⑬ 오른쪽에 '20'을 입력하고 왼쪽에 {하드웨어}의 [소리 센서값] 블록을 끼워 넣습니다. ▼을 클릭해 '온도'를 선택합니다.

⑭ 측정된 온도값이 20보다 크면 서보모터의 각도를 160으로 지정하기 위해 {하드웨어}의 [서보모터(SCON) 각도를 0으로 바꾸기] 블록을 [(이)라면] 내부에 끼워 넣습니다. 각도 값으로 '160'을 입력합니다.

⑮ 측정된 코드위즈 보드의 온도값이 실행화면에 표시되도록 {생김새}의 [안녕! 을(를) 말하기]를 아래에 연결합니다. {하드웨어}의 [소리 센서값] 블록을 끼워 넣고 ▼을 클릭해 '온도'를 선택합니다.

⑯ ▶시작하기 를 클릭합니다. Q 를 눌러 측정된 보드의 온도 값에 따라 180도 서보모터의 각도가 변경되고 측정된 온도값을 말하는지 확인합니다.

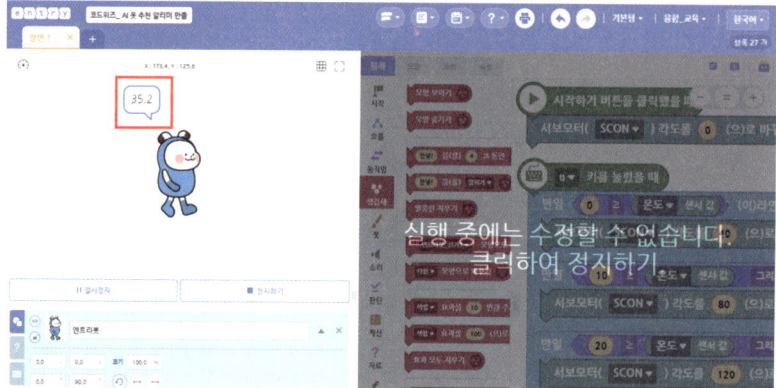

활동3 날씨 확장 블록으로 코딩하기

★ '데이터'에 대해 알아보고 빈칸을 채워봅시다.

현재 가장 가치있는 자원은?

(   )는 현대 사회에서 가장 중요한 (   ) 중 하나입니다.
첨단기술이 발달하면서 많은 양의 데이터를 다룰 수 있는 것이 큰 (   )을 가질 수 있는 방법이죠. 데이터는 (   ), (   ), (   ), (   ) 등 일상생활에서 다양한 분야에서 활용되고 있습니다.
우리가 활용할 수 있는 데이터는 어떤 것들이 있을까요?

공공데이터

(   )란 정부나 (   )에서 가지고 있는 정보를 말합니다.
우리 일상생활에 관련된 다양한 주제를 다루고 있습니다.
예를 들어, (   ), 교통 정보, (   ), 인구 통계 등이 있습니다. 이러한 정보들은 우리가 살아가는 동안 필요한 다양한 상황에서 유용하게 활용될 수 있습니다.

챕터9. 코드위즈로 옷 추천 알리미 만들기

⭐ 엔트리 확장 블록 속 공공데이터

( )
기온, 강수량, 미세먼지, 농도 등 한국의 날씨와 관련된 블록 모음

( )
생활 속 안전을 위해 국민이 지켜야 하는 행동요령에 대한 블록 모음

( )
자연재난 발생 시 국민이 지켜야하는 기본적인 행동요령에 대한 블록 모음

( )
국내 지역별 다양한 행사 및 축제와 관련된 블록 모음

⭐ 날씨 확장 블록으로 코딩해봅시다.

① {확장}을 클릭한 후 `확장 블록 불러오기` 를 클릭합니다.

② [날씨]를 선택한 후 불러오기 를 클릭합니다.

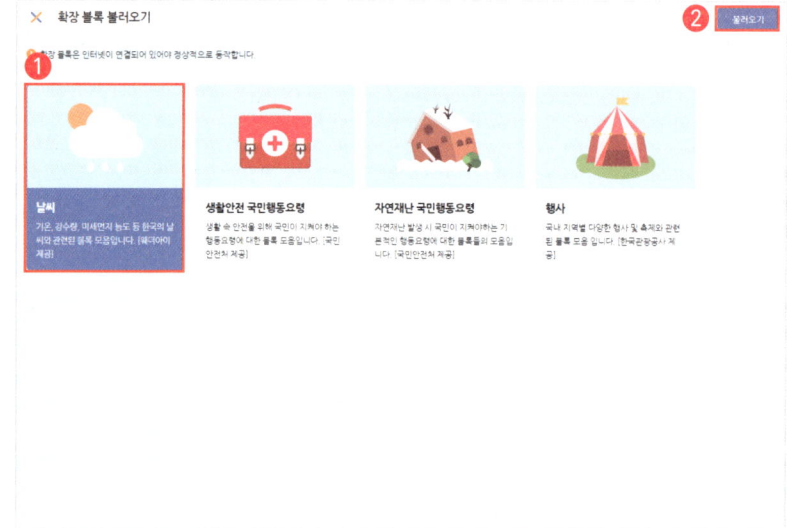

③ [날씨] 확장 블록이 표시되는지 확인합니다.

④ 본인이 살고 있는 지역의 온도값에 따라 서보모터가 움직이도록 하기 위해 [날씨] 확장 블록 중 [현재 서울 전체의 기온] 블록을 가져옵니다. ▼을 클릭하여 본인이 살고 있는 지역으로 변경합니다.

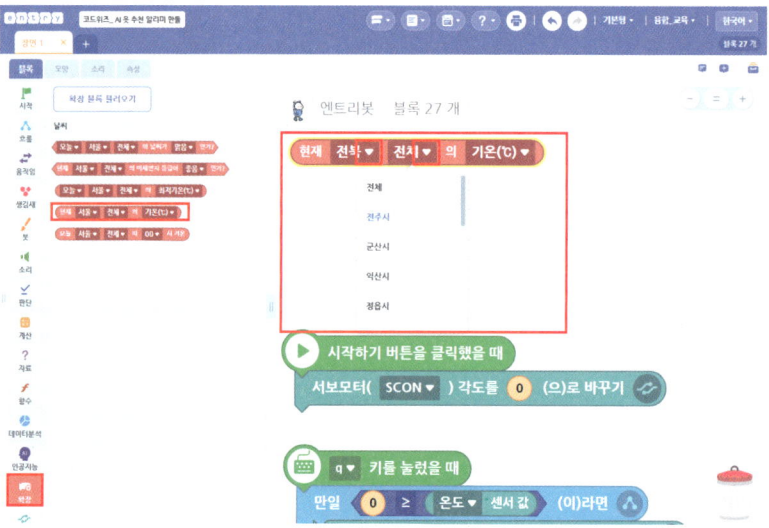

5 [온도 센서 값] 블록을 삭제한 후 내가 살고 있는 지역의 기온 블록을 끼워 넣어 코드를 변경합니다.

6 ▶시작하기 를 클릭합니다. Q 를 눌러 선택한 지역의 온도값에 따라 180도 서보모터의 각도가 변경되고 측정된 온도값을 말하는지 확인합니다.

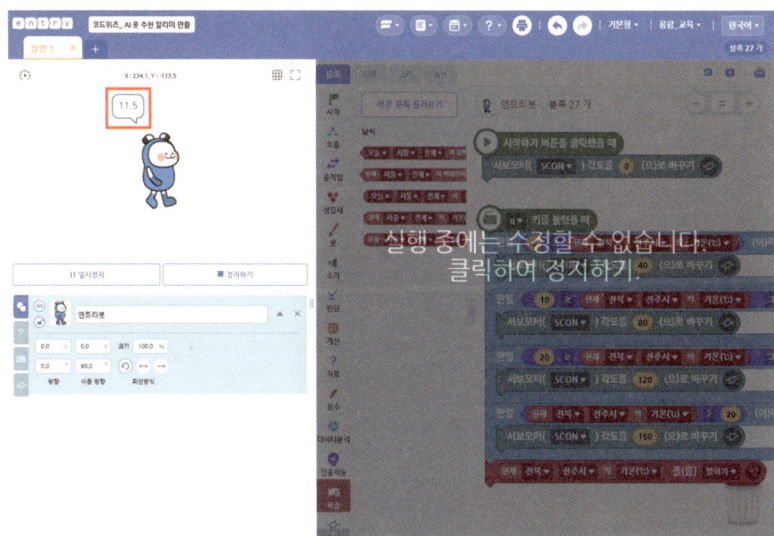

활동4 옷 추천 알리미 활용하기

● 기온에 따른 적절한 옷차림을 알아봅시다.

기온에 따른 적절한 옷 차림 조사하기 :

기온에 따른 옷 차림을 기준을 세워 분류하기

기온				
옷차림 그림으로 표현하기				

● AI 메이커 스케치북과 코드위즈로 옷 추천 알리미를 만들어봅시다.

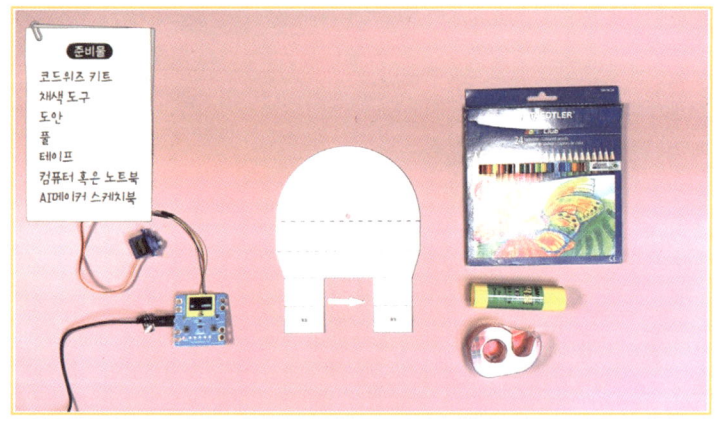

QR 코드를 스마트폰으로 찍어보아요!

추가활동

● 다른 지역의 날씨 데이터를 활용하여 '옷 추천 알리미' 코딩을 수정하여 완성해봅시다.

전체 코드

```
▶ 시작하기 버튼을 클릭했을 때
서보모터( SCON ▼ ) 각도를 0 (으)로 바꾸기

⌨ q ▼ 키를 눌렀을 때
만일 < 0 ≥ 현재 전북 ▼ 전주시 ▼ 의 기온(℃) ▼ > (이)라면
    서보모터( SCON ▼ ) 각도를 40 (으)로 바꾸기
만일 < 10 ≥ 현재 전북 ▼ 전주시 ▼ 의 기온(℃) ▼ 그리고 ▼ 현재 전북 ▼ 전주시 ▼ 의 기온(℃) ▼ > 0 > (이)라면
    서보모터( SCON ▼ ) 각도를 80 (으)로 바꾸기
만일 < 20 ≥ 현재 전북 ▼ 전주시 ▼ 의 기온(℃) ▼ 그리고 ▼ 현재 전북 ▼ 전주시 ▼ 의 기온(℃) ▼ > 10 > (이)라면
    서보모터( SCON ▼ ) 각도를 120 (으)로 바꾸기
만일 < 현재 전북 ▼ 전주시 ▼ 의 기온(℃) ▼ > 20 > (이)라면
    서보모터( SCON ▼ ) 각도를 160 (으)로 바꾸기
현재 전북 ▼ 전주시 ▼ 의 기온(℃) ▼ 을(를) 말하기 ▼
```

빈칸 정답

★ 142쪽 정답

현재 가장 가치있는 자원은?

(데이터)는 현대 사회에서 가장 중요한 (자원) 중 하나입니다. 첨단기술이 발달하면서 많은 양의 데이터를 다룰 수 있는 것이 큰 (경쟁력)을 가질 수 있는 방법이죠. 데이터는 (경제), (사회), (문화), (보건) 등 일상생활에서 다양한 분야에서 활용되고 있습니다.
우리가 활용할 수 있는 데이터는 어떤 것들이 있을까요?

공공데이터

(공공데이터)란 정부나 (공공기관)에서 가지고 있는 정보를 말합니다. 우리 일상생활에 관련된 다양한 주제를 다루고 있습니다.
예를 들어, (날씨 정보), 교통 정보, (환경 정보), 인구 통계 등이 있습니다. 이러한 정보들은 우리가 살아가는 동안 필요한 다양한 상황에서 유용하게 활용될 수 있습니다.

★ 143쪽 정답

(날씨)
기온, 강수량, 미세먼지, 농도 등 한국의 날씨와 관련된 블록 모음

(생활안전 국민행동요령)
생활 속 안전을 위해 국민이 지켜야 하는 행동요령에 대한 블록 모음

(자연재난 국민행동요령)
자연재난 발생 시 국민이 지켜야하는 기본적인 행동요령에 대한 블록 모음

(행사)
국내 지역별 다양한 행사 및 축제와 관련된 블록 모음

10. 코드위즈로 실생활 문제 해결하기

✦ 1~2차시 학습 목표
문제 해결을 위한 계획을 세울 수 있다.

✦ 3~4차시 학습 목표
프로젝트를 통해 실생활 문제를 해결할 수 있다.

활동

1. 문제상황 분석하기
2. 문제해결 계획하기
3. 문제 해결하기
4. 활동 평가하기

〈수업자료PPT〉

https://bit.ly/48NoFOL

✦ 준비물

1. 풀, 가위, 테이프, 문제해결에 필요한 재료
2. 코드위즈

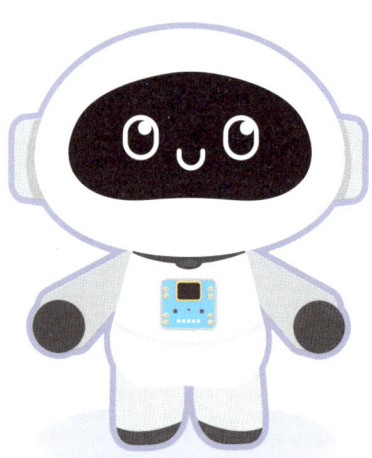

실생활 문제 해결 시작!!

챕터10. 코드위즈로 실생활 문제 해결하기

✦ 들어가기

- '코지에게 온 편지'를 읽으며 이번 시간에 할 활동을 알아봅시다.

To. 코즈위드 공부를 마친 친구들에게

안녕 나는 코지야.
요즘 나에게 여러가지 고민들이 생겼어
내가 아무리 고민해봐도 해결할 수 없어서
너희들에게 도움을 요청하고 싶어.
내 고민을 듣고 문제를 해결해 줄 수 있겠니?

- 문제해결 프로젝트 순서 알기

1	2	3	4
문제상황 분석하기	프로젝트 계획하기	문제 해결하기	발표 및 평가하기

우리 코지의 고민을 같이 해결해볼까?

🌟 **코지의 고민을 살펴보며 해결해 주고 싶은 고민을 선택해 봅시다.**

고민 1.

나는 요즘 감기에 걸려서 약을 챙겨먹어야 해.
그런데 약 먹는 것을 자주 잊어먹지 뭐야.
약먹는 때를 알려주는 장치를 만들 수 있을까?

고민 2.

나에게 무엇보다 소중한 물건이 생겼어.
누군가 이 물건을 몰래 가져갈까봐 늘 불안해.
이 물건을 안전하게 보관할 수 있는
장치를 만들 수 있을까?

고민 3.

내가 요즘 음악과 악기연주에 관심이 생겼어.
여러가지 악기를 연주해보고 싶은데
악기를 구하기가 어려워.
여러가지 소리를 내는 악기를 만들 수 있을까?

고민 4.

내가 좋아하는 가수의 콘서트에 갈 수 있게 되었어! 응원봉을 직접 만들어 가서 응원을 하고 싶어.
나만의 응원봉을 직접 만들 수는 없을까?

고민 5.

길거리 쓰레기통이 너무 더러워서 손대기
싫더라고. 그렇다고 길거리에 쓰레기를 함부로
버릴수도 없잖아? 손대지 않고 쓰레기를
버릴 수 있는 장치를 만들 수 있을까?

🌟 **코지의 고민을 살펴보며 해결해 주고 싶은 고민을 선택해 봅시다.**

- 코지의 고민들 중 어떤 고민이 가장 인상적인가요?

- 어떻게 해결할 수 있을까요?

- 여러분은 실생활에서 어떤 고민을 가지고 있나요?

챕터10. 코드위즈로 실생활 문제 해결하기

활동 1   문제상황 분석하기

★ 코지의 고민을 살펴보며 문제상황과 해결방법을 생각해 봅시다.

고민 1.
나는 요즘 감기에 걸려서 약을 챙겨먹어야 해.
그런데 약 먹는 것을 자주 잊어먹지 뭐야.
약먹는 때를 알려주는 장치를 만들 수 있을까?

문제상황	
해결방법	

고민 2.
나에게 무엇보다 소중한 물건이 생겼어.
누군가 이 물건을 몰래 가져갈까봐 늘 불안해.
이 물건을 안전하게 보관할 수 있는
장치를 만들 수 있을까?

문제상황	
해결방법	

고민 3.
내가 요즘 음악과 악기연주에 관심이 생겼어.
여러가지 악기를 연주해보고 싶은데
악기를 구하기가 어려워.
여러가지 소리를 내는 악기를 만들 수 있을까?

문제상황	
해결방법	

고민 4.
내가 좋아하는 가수의 콘서트에 갈 수 있게 되었어!
응원봉을 직접 만들어 가서 응원을 하고 싶어.
나만의 응원봉을 직접 만들 수는 없을까?

문제상황	
해결방법	

고민 5.
길거리 쓰레기통이 너무 더러워서 손대기
싫더라고. 그렇다고 길거리에 쓰레기를 함부로
버릴수도 없잖아? 손대지 않고 쓰레기를
버릴 수 있는 장치를 만들 수 있을까?

문제상황	
해결방법	

고민 6. (해결하고싶은 고민)

문제상황	
해결방법	

• 고민들 중 내가 해결해 줄 고민을 선택해 봅시다.

활동 2 문제해결 계획하기

⭐ 앞에서 배운 코즈위드, 엔트리에서 사용할 수 있는 기능을 알맞게 연결하여 봅시다.

분류: 이미지
업로드 또는 웹캠으로 촬영한 이미지를 분류할 수 있는 모델을 학습.

음성 인식
마이크를 이용하여 음성을 인식하는 블록들의 모음.

얼굴 인식
카메라를 이용하여 얼굴을 인식하는 블록들의 모음.

분류: 텍스트
직접 작성하거나 파일로 업로드한 텍스트를 분류할 수 있는 모델을 학습.

사물 인식
카메라를 이용하여 사물을 인식하는 블록들의 모음.

읽어주기
nVoice 음성합성 기술로 다양한 목로리로 문장을 읽는 블록 모음.

사람 인식
카메라를 이용하여 사람의 신체를 인식하는 블록들의 모음.

분류: 소리
마이크로 녹음하거나 파일로 업로드 한 소리를 분류할 수 있는 모델을 학습.

손 인식
카메라를 이용하여 손을 인식하는 블록들의 모음.

번역
파파고를 이용하여 다른 언어로 번역할 수 있는 블록 모음.

챕터10. 코드위즈로 실생활 문제 해결하기

⭐ 앞에서 배운 코즈위드, 엔트리에서 사용할 수 있는 기능을 알맞게 연결하여 봅시다.

(원형 네오픽셀 이미지) •	• 진동모터
(진동모터 이미지) •	• 360° 서보모터
(컬러 센서 이미지) •	• 컬러 센서
(DC모터 이미지) •	• 원형 네오픽셀
(서보모터 이미지) •	• DC모터
(360° 서보모터 이미지) •	• 온습도센서
(초음파센서 이미지) •	• 초음파센서
(온습도센서 이미지) •	• 도트매트릭스
(도트매트릭스 이미지) •	• 서보모터

● 문제해결 프로젝트 계획서를 작성해 봅시다.

문제해결 프로젝트 계획서

학교	학년	반
모둠명		

모둠원(역할)

- 해결할 고민

- 고민을 해결하기 위한 방법

필요한 AI 기능

필요한 준비물(장치, 도구 등)

- 추가하고 싶은 다른 기능

- 이 작품의 장점, 특별함

• 작품의 이름	• 작품 설명

활동 3 문제 해결하기

● 작품을 제작하고 테스트해 봅시다.

실행 시 문제점	해결 방안
실행 시 문제점	해결 방안
실행 시 문제점	해결 방안
그 밖의 문제점	

활동 4   활동 평가하기

● 우리들의 프로젝트 작품을 발표해 봅시다.

> **약속해요**
> - 작품의 발표를 (집중)해서 들어요!
> - 애써서 만든 작품을 (비난, 비판)하지 않아요!
> - 작품의 단점보다는 (장점)을 보도록 해요!
> - 작품이 작동하지 않아도 (응원)하고 기다려 줘요!

● 다른 프로젝트의 작품들을 평가해 봅시다.

〈 작품 평가하기 〉

팀명	
해결한 문제	
활용한 기능	
사용한 장치	
인상적인 점	
의견	
점수	☆☆☆☆☆☆☆☆☆☆

팀명	
해결한 문제	
활용한 기능	
사용한 장치	
인상적인 점	
의견	
점수	☆☆☆☆☆☆☆☆☆☆

팀명	
해결한 문제	
활용한 기능	
사용한 장치	
인상적인 점	
의견	
점수	☆☆☆☆☆☆☆☆☆☆

팀명	
해결한 문제	
활용한 기능	
사용한 장치	
인상적인 점	
의견	
점수	☆☆☆☆☆☆☆☆☆☆

팀명	
해결한 문제	
활용한 기능	
사용한 장치	
인상적인 점	
의견	
점수	☆☆☆☆☆☆☆☆☆☆

팀명	
해결한 문제	
활용한 기능	
사용한 장치	
인상적인 점	
의견	
점수	☆☆☆☆☆☆☆☆☆☆

선택활동 — 예시코드

⭐ 예시코드 1. 알람시계 만들기

⭐ 예시코드 2. 경보장치 만들기

⭐ 예시코드 3. 코즈위드 피아노 만들기

챕터10. 코드위즈로 실생활 문제 해결하기

⭐ 예시코드 4. 응원봉 만들기

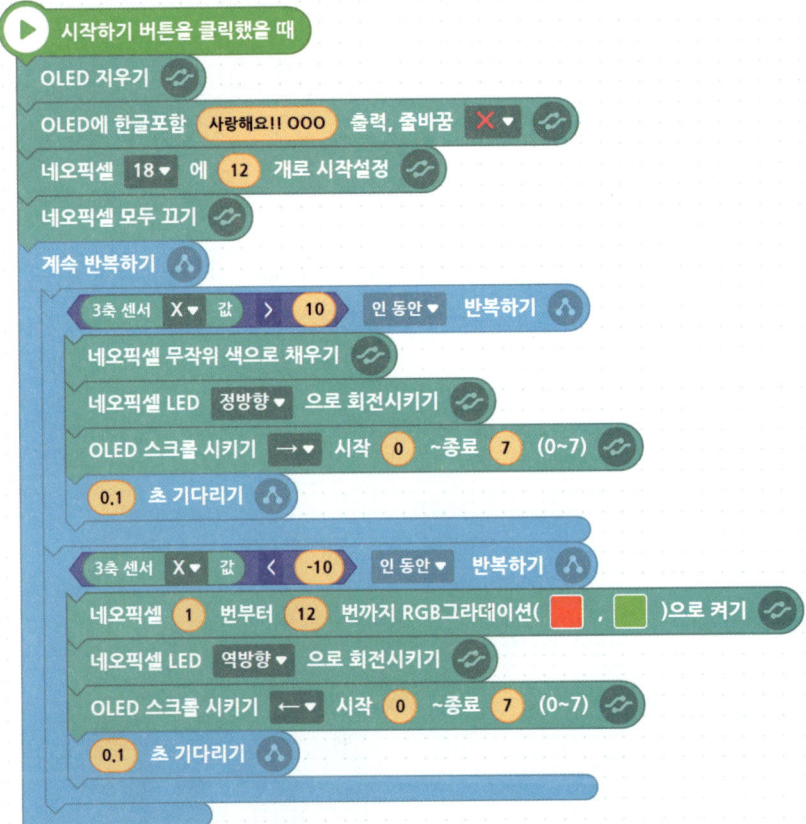

⭐ 예시코드 5. 쓰레기통 만들기

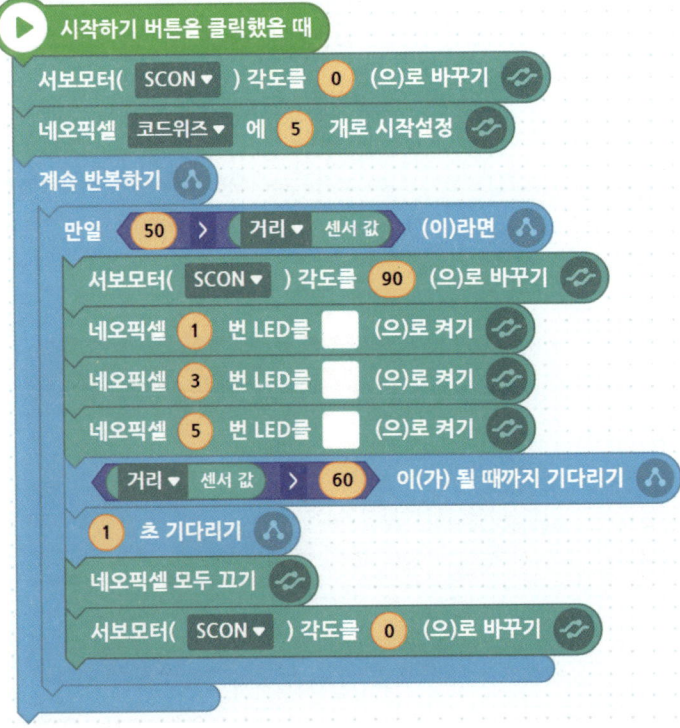

코드위즈 제품 소개

코드위즈로 이 모든 걸 만들 수 있어요!
간단한 AI 메이킹부터 AI 축구배틀, 탑승형 자율주행 전기차까지!!

코드위즈 스타터킷

- 인공지능과 초간단 메이커를 위한 키트
- 코드위즈 베이직킷에 4가지 센서 포함
- 소리 무드등 스팀킷 포함
- 배터리와 배터리홀더와 다양한 케이블 포함

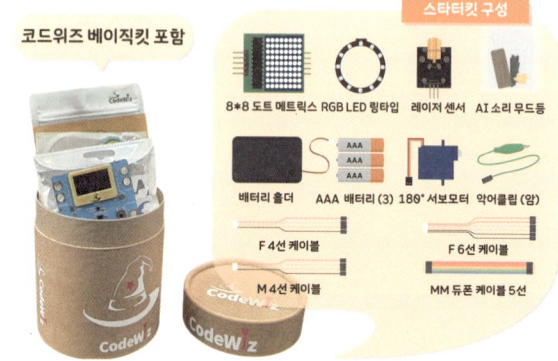

AI 9종 메이킹킷

- 코드위즈를 활용한 9가지 AI 메이킹킷
- 인공지능과 다양한 센서를 융합하여 재밌는 작품을 만들어보세요.
- AI 9종 메이킹킷은 인공지능을 사용하지 않고 STEAM으로 활용 가능

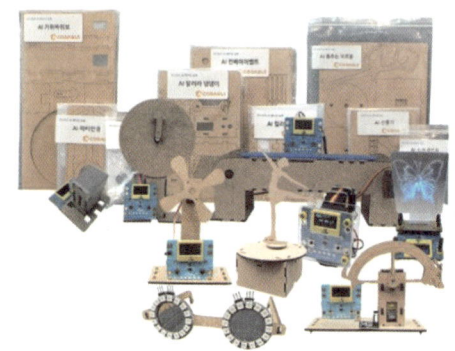

위즈고를 이겨라 풀셋트

- 내가 만든 인공지능 자율축구 알고리즘으로 대결하는 AI 축구 배틀
- Youth Meta Challenge 대회용
- AI축구 배틀은 직접 조종과 자율주행 미션까지!
- 8X코드위즈 베이직킷, 4X위즈카, 4X허스키렌즈프로, 축구장, 축구장용 맵보드, 4X자율주행 맵보드, 2X축구공

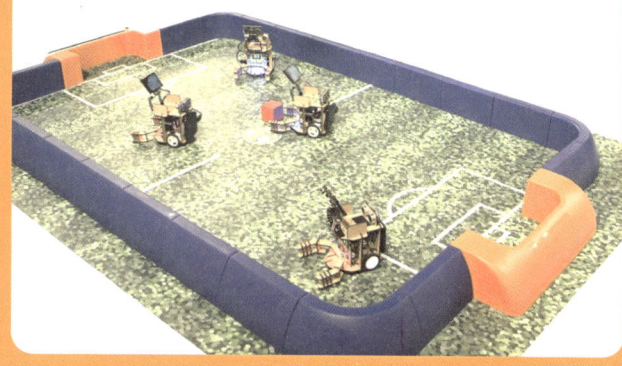

코드위즈 위즈오토

- 코드위즈로 만든 자율주행 전기차
- 직접 조종모드, 자율주행 모드, 스마트폰 조종의 세 가지 조종 모드 지원
- 스크래치로 코딩하여 완성하는 나만의 자율주행 전기차
- 조립부터 코딩 완성까지 함께 체험해보세요.

더올메이커(www.theallmaker.com)에서 더 많은 코드위즈 킷트들을 만나실 수 있어요.